如何读懂他人心理

［日］齐藤勇 著

舟慕云 译

江苏凤凰文艺出版社
JIANGSU PHOENIX LITERATURE AND
ART PUBLISHING

前　言

　　日本有句谚语，"男人一出家门，就有七个敌人"。意思是男人在社会上工作和活动时，一定会遇到很多对手。在过去的男权社会中，劳动力几乎以男性为主，如今男女都有着平等的工作权，所以这句谚语也应该改变一下说法，变成"无论男女"吧。

　　先不讨论性别的问题，"七个敌人"中的"七"是泛指多个的意思。我们在职场中会遇到各种各样的人际关系。每个人的立场各异，性格也不相同。上司、下属、同事、男人、女人、男女……立场和关系不同，人际关系的结构也千差万别。如此一来，人们必然会因为人际间的矛盾和竞争感到苦恼。

对于职场人来说，生活中的很多时间是在职场度过的。所以说，最理想的情况就是可以在压力更小的环境中，保持高度的干劲。这才是让人生更丰富、更充实的秘诀吧。

为了建立良好的人际关系，让自己专注于工作，我们要懂得观察职场中的人际关系，灵活应对各种状况。心理学就能帮助我们培养这种能力。分析同事、上司、下属的行为模式，了解他们的性格和心理状态，有助于发展新的人际关系。此外，我们还可以学到会议和谈判术的心理技巧。通过重新审视自己的行为和内心，也可以提高对工作的热忱和干劲。

小说家加纳朋子的著作《七位敌人》的主题是——女人周围有很多竞争对手。其实，在"有七位敌人"之后还有一句话，"然而还有八位伙伴"。如果您也能这样想，就一定能在职场中发现更多的伙伴。一个人单枪匹马是无法完成工作的。假如您在读完本书后，能够与上司和伙伴们建立更加和谐的人际关系，让职场生活更加充实，那么笔者将倍感荣幸。

斋藤勇

第1章

· · ·

人际关系的烦恼
掌握对方的心理

第 2 章

· · ·

如何建立良好的人际关系
掌握沟通能力

第3章

...

让自己成为职场达人
如何提升技能

第 4 章
...

职场或工作中的烦恼和焦虑
如何面对压力

人际关系的烦恼
掌握对方的心理

上司的心理 1：训斥、责骂下属

● 心理关键词：自卑感　投射

破坏职场士气的元凶

人会从失败中吸取教训，成长进步。上司的职责是找出下属失败的原因，采取对策，帮助下属成长，最终实现业务的增长。但是，有些上司会抓住鸡毛蒜皮的小事不放，过度地训斥、责骂下属，甚至否定他的人格，声音之大，生怕其他员工听不到。久而久之，一些下属会对工作失去信心和热情，迫于无奈消极怠工甚至辞职。其他员工也会因此退缩，在工作上变得畏首畏尾，最终导致职场整体士气下降。

隐藏自卑感的投射

其实冷静思考不难发现，上司们的这种做法无疑有损业绩和个人名声。那他们为何仍要训斥、责骂下属？这多半是内在的自卑情结作祟。产生自卑感的原因包括出身、学历、能力、外貌、人际关系等众多方面。有些上司无法直视自己的内心，克服自卑感，而是选择忽视问题本身，责备下属失职，以此获得精神安慰。心理学中将这种行为称为"投射^①"。明明问题出在自己的心中，却认为问题并不在己，强行将其归咎于下属的失败，以此掩饰自卑感。

职场霸凌

如果上司一直训斥、责骂下属，那就必须被当作职场霸凌来看待。职场霸凌曾一度被认为是上级的合理"指导"，但现在终于被认定为侵犯人权。为防止事态进一步恶化，遇到这样的问题时请不要独自承担，去向家人、朋友、公司或者政府的劳动部门求助吧。这不仅仅是在帮助您自己，也是在拯救上司和整个职场。

职场霸凌的类型

过度的侮辱、谩骂属于精神攻击，是职场霸凌的典型特征。

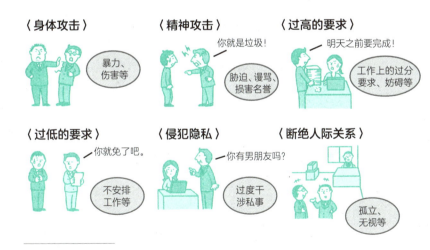

① 投射：当自己内心出现某种问题时，认为问题并非出在自身，而是出在外部，无意识地将问题归咎于他人。投射这是一种自我保护的行为。

上司的心理 2：独占功劳

● 心理关键词: 自利归因偏差　自我表露　自我呈现

错误是下属的，功劳是自己的

有些上司在项目获得成功时，会吹嘘自己的企划，称赞自己决断出色，失败的话便训斥下属不够努力，对高层抱怨自己的下属无能。把错误推给下属，自己独吞功劳，这是把失败归咎于他人、独善其身的想法在作祟。

这种行为在心理学上可以用"自利归因偏差"来解释。人们都想维持高度的自尊心，获得精神上的安慰。把成功的原因归于自身能力等内在因素，把失败的原因归于他人责任等外在因素，这样的话自尊心就可以得到维护。

"托大家的福"——这种说法的背后可能另有隐情

相对地，有些上司会在取得成绩时感谢下属做得很好，业绩下滑时肯定下属的努力，反省自身战略和管理上的不足。假如这位上司是真心地感谢和反省，那么他会获得下属的信赖和尊敬，公司的高层也会对他赞赏有加。

但是，有的人是刻意用自我表露和自我呈现①的方式假装自己是优秀的中层管理人员。比如，在奥运会等体育比赛中，斩获奖牌的运动员会深深鞠躬感谢"大家的支持"，教练也不会夸自己指导有方，而是归功于"运动员的努力"。

这种行为往往会被大家认为是谦虚的表现。日本社会更加强调集体主义，要求优先考虑组织内的和谐，舍弃小我保全集体。文化心理学家马库斯和北山分析得出，日本更加强调谦卑的自我表露，而欧美则更加强调自夸的自我表露。有时候，谦卑的自我表露是为了给别人留下希望留下的印象。

不同文化背景下的成功原因

文化差异也会影响我们看待他人的观点。

日本 = 成功是"托大家的福"	美国 = 成功是"自己的能力和努力的结果"
● 谦卑的自我表露较为有利	● 自夸的自我表露较为有利

① 自我表露与自我呈现：用语言向他人传递与自己有关的信息称为"自我表露"，通过语言和行为有意地给他人留下理想的印象称为"自我呈现"。

上司的心理 3: 对下属过于亲切

● 心理关键词：自我肯定感　自我呈现

年轻人在步入社会前没有被批评过

在少子化的背景下，"以称赞代替责骂"的教育方法日益普遍。无论是在家庭还是学校，越来越多的年轻人在成长的过程中很少受到批评。有些人经常迟到早退，在工作时间内埋头收发私人邮件，对上司说话口气很随便，连一个合格职场人的最基本要求都没有达到。

这些员工的存在会拉低职场的士气。但是，有不少上司会对此选择视而不见。这些年轻人没有受到过批评，很容易因为一些小事受刺激。上司不敢轻易批评他们，害怕他们会突然辞职，甚至控诉自己职场霸凌。如此一来，他们会避免与下属产生冲突，即使下属犯错，也不会进行批评让他们改正，而是会选择沉默，宁可自己改正也不去纠正下属。

上司也希望获得下属的称赞

一般来说，下属很在意上司如何看待自己，但上司更在意下属对自己的评价。越在意这个问题的上司就越害怕与下属关系恶化，希望下属觉得自己是一个好领导，于是会用温柔的态度讨好下属。

用心理学术语来解释，可以说这样的上司具有自我肯定感①较低的特点。所谓自我肯定感，是指接受自己的优点和缺点，认同自己无法取代的感情。这种肯定感是通过不断积累"我很重要"的感受培养而来的。

自我肯定感较低，就会努力扮演老好人角色来获得他人的赞扬，使自己保持精神稳定。如果被别人批评则会感到不安，觉得自己让人讨厌，因此会对下属过分亲切。

不过，如果总是言不由衷，不断忍耐，心中的不满会越积越多，有朝一日积怨爆发，会说出"你给我好自为之！马上辞职！"这样的话，最终导致自己名誉扫地。

自我肯定感和自我呈现

自我肯定感较低，担心自己被下属讨厌，因此产生对下属过分亲切的自我呈现。

1 自我肯定感较低

我这样的人当领导真的没问题吗？

2 担心下属的看法

下属可能讨厌我。

3 寻找合适的自我呈现方法

怎样做才能让下属喜欢我呢？

4 亲切地对待下属

决定不去批评下属。

---

① 自我肯定感：接受自己本来的样子，包括优点和缺点，相信自己是无法取代的存在。自我肯定感高的人不受他人评价的影响，能活出安定的自我。

上司的心理 4: 把 "我很忙" 当成口头禅

● 心理关键词: 辩解　时间管理能力

推崇忙碌的日本社会

"您看起来很忙啊, 日子过得如此充实, 真不错啊!"

"哪里哪里, 我就是瞎忙、穷忙的那种人啊。"

这样的对话是不是听起来很熟悉? 如今人们似乎总爱用这样的话来调侃自己。在职场中,"忙"这个字眼, 已被当作公司业绩增长和个人能力优秀的代名词。

因此, 有些人动不动就强调自己很忙, 被交办工作的时候也会煞有其事地强调自己很忙, 再做出一副临危受命的样子。这种人经常会主动炫耀自己繁重的工作以及被安排得满满的日程表。

不了解实际情况的也许会觉得这些人非常优秀、工作能力很强。但是长期共事的伙伴都知道他们之所以会这样, 是因为做事不得要领, 无法在短时间内高效地完成工作。对于喜欢假装忙碌的人来说,"我太忙了"这句话是在炫耀自己能力优秀。

能者不忙

其实, 真正有能力、工作能力强的人不会把 "我太忙了" 这样的话挂在嘴边。因为他们能够安排好自己的工作，可以做好规划和安排，确保在规定时间内完成工作，以高超的时间管理能力和执行力，高效地完成工作。

忙到点子上的人会获得上司和下属的信赖，被交付更多的工作，在短时间内高效完成工作的能力也会不断提高。把"太忙了"当作口头禅的人不仅工作效率低，工作表现也很糟糕，只好更加卖力地宣传自己是多么忙碌。

真忙和假忙是可以区分的

从办公桌上就可以看出真忙和假忙的不同。因为办公桌的状态可以显示一个人在头脑中是如何整理工作的。

装忙的人

- 包括抽屉在内，文具和资料杂乱无章。

啊，太忙了、太忙了

真正忙碌的人

- 办公桌整理得井井有条。

可以拜托你做一下这个吗？

上司的心理 5：对上司阿谀奉承，对下属飞扬跋扈

● 心理关键词：权威主义人格　自卑感　补偿

服从上司和攻击下属，是两面一体的

　　无论在哪一家公司，都有对上司阿谀奉承，对下属飞扬跋扈的中层管理人员。无论在哪个国家，无论时代如何发展，这种状况都是无法改变的。心理学家埃里希·弗罗姆（Erich Fromm）把这种人格命名为权威主义人格①，即对比自己更具权威的人绝对服从，对比自己弱小的人呈现出攻击性性格。

　　一般来说，为了追求地位和权力而拼命工作，不惜对上司逢迎拍马的员工都有着强烈的晋升意愿。不可否认，有些人会把向上爬作为实现自己理想的一种手段。但是，也有人在内心深处仍有自卑感，不希望别人觉得自己是没有价值的人，于是想要通过地位和权力来弥补。在心理学中，把通过其他手段来弥补自卑感的行为称为"补偿作用"，这是自我防卫②的表现。

---

　　① 权威主义人格：不会质疑现有的权威体系，服从强者，攻击弱者。思想僵化，有攻击社会少数派的倾向。

　　② 自我防卫：下意识地保护自己不受伤害的行动或心态，反应的方式有反向作用、替代、投射、合理化（正当化）、退化、逃避、升华等。

滥用权力会导致业绩衰退

使用权力是人类的天性，一旦有了权力，人们还会萌生出控制他人的支配欲，傲慢地对待地位比自己低的人。权威主义人格的上司会把下属视为自己获得地位和权力的手段，对他们提出过分的要求，要是没有达到预期的成绩就严厉斥责他们。美国心理学家戴维·麦克利兰（David C. McClelland）通过实验证实了这一现象。

该实验以拥有较大权力的管理人员和仅有较小权力的管理人员为实验对象，测试了权力大小对人的影响。结果表明，权力较大的人往往会发出烦琐的指示和命令，对下属评价很低，把业绩的提升归功于自己。权力较小的人不会简单粗暴地命令下属，而是循循善诱地，并且会正面评价下属的努力。滥用权力的上司会剥夺下属的自主性和热情，最终导致业绩下滑。

权力大小对评价的影响

权力较大的上司对下属评价较低；权力较小的上司则会正面评价下属的努力。

权力较大的管理人员	权力较小的管理人员
● 提出烦琐的指令。	● 用说服替代命令。

这个也要做好！

能做一下这个吗？拜托你了。

● 对下属的努力，评价很低。　　● 正面评价下属的努力。

还差得很远啊！

做得不错！很棒！

上司的心理 6：迎合年轻人的上司

● 心理关键词：迎合　一致性效果

假装通情达理的上司

　　有些上司看不惯年轻人，动辄批评他们不长进，也有些上司会迎合年轻人。例如，当下属抱怨工作时，某些上司会在一旁附和。下属做的企划书明明毫无可取之处，一些上司还会违心地称赞，私下再花时间修改，以巩固自己通情达理的形象。

　　这样的上司会主动接近下属，寻找年轻人可能感兴趣、喜欢的话题来博取他们的好感。给下属安排工作的时候，要是从下属的表情看出他并不愿意，他们就会选择自己完成，避免让下属产生不满。

　　心理学中把这种获得特定人好感的言行称为"迎合"。上司和下属虽为上下级关系，但是从人数上来说下属更多，上司担心被孤立，这种不安感远超出了下属的想象。因此，有些上司会迎合下属，渴望获得下属的赞赏，或者至少不被下属讨厌。

志同道合容易获得赞赏

　　把迎合当作交际原则的人，会避免做出让人讨厌的事情，而且他们深谙不得罪人的进退之道，可以轻松建立起圆滑的人际关系。当别人的想法与自己一致时，他的意见更容易受到积极的评价，这种现象又被称为"一致性效果"①。根据对方的想法改变意见，或者明面上不改变意见，背地里默默接受对方的意见，这样做更容易获得信赖。

不过这一招只有在双方关系尚浅时管用，让对方觉得自己通情达理而且听得进别人的意见。但随着时间的推移和交往的深入，一直没有节操地迎合对方、人云亦云，就会适得其反，失去对方的信赖。

4 种迎合行为

在心理学中，为求得好感而逢迎拍马的行为，都称为"迎合"。迎合有多种类型，而且与多种行为搭配。

 称赞

恭维对方，让对方感到愉悦。

领带真漂亮啊！

 **赞同**

赞成对方的意见，"正是如此"。

正是如此。

 **谦卑**

表示谦卑来抬高对方。

我可不行啊！

 亲切

仔细观察对方的行动，留意细节，使对方高兴。

我来帮您拿吧。

---

① 一致性效果：美国得克萨斯大学心理学家乔纳森·科勒提出的学说。科勒的实验发现，与对方意见一致的发言更容易获得信赖。

上司的心理 7：批判年轻人

● 心理关键词：自我肯定需求　社会范畴

对年轻人的批判跨越时代和国家

　　有些人年轻的时候被老人家嫌弃，自己老了以后却反过来嫌弃年轻人。您是否也有过类似的经验？其实，批判年轻人，是不分时代和国界的普遍现象。

　　五千年前的美索不达米亚石板上就刻着批判年轻人的话，古希腊哲学家苏格拉底和柏拉图也曾在自己的著作中留下类似的话。在日本，平安时代的女作家清少纳言^①也曾在《枕草子》中感叹当时的年轻人语言表达混乱。可见，无论在哪个年代，年长者都会批评年轻人。

开口闭口就是"当年好"

　　有些人总觉得自己比其他人优秀，希望别人认可自己。心理学中把这种欲望称为"自我肯定需求"，前者属于为自我肯定，后

---

　　① 清少纳言：平安时代中期的和歌作家。她的随笔《枕草子》记述了她在宫廷中生活时的所见所闻，书中充斥着作者对"意趣"的好奇心。

者属于他人肯定。无论是谁，都会在自我肯定需求得到后获得精神上的安定。

可是，我们总是习惯于根据出生地、性别、年龄、职业等特征，乃至爱猫还是爱狗这样的小喜好，把人们分成不同的类型，这又被称为"社会范畴"①。

为满足自我肯定需求，人们需要肯定自己所属的群体，把其他的群体作为批判的对象。所以，这种相信自己这一代人更加优秀的想法，才是年长者否定下一代人的真正原因。这当中暗藏着对年龄增长、青春渐失

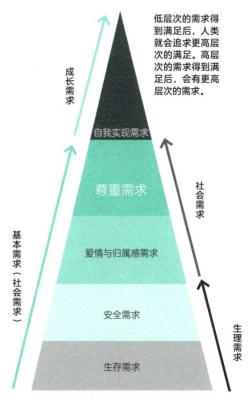

马斯洛的自我实现理论

美国心理学家亚伯拉罕·马斯洛认为"人类会以自我实现为目标不断成长"，他把人类的欲望分为五个阶段。

低层次的需求得到满足后，人类就会追求更高层次的满足。高层次的需求得到满足后，会有更高层次的需求。

成长需求

基本需求（社会需求）

社会需求

生理需求

自我实现需求

尊重需求

爱情与归属感需求

安全需求

生存需求

尊重需求是社会需求之一，也就是希望获得他人认可和高度评价的欲望。经历了人生历练的老人家希望别人认同自己，认同他们那一代人更优越、自己的青春时代更美好，这都是满足此需求的一种方法。

---

① 社会范畴：指为了处理信息而采取的分类，自己所属的群体是内群体，自己之外的群体是外群体。大多数人都会优待内群体。

的不安，以及无法跟上瞬息万变的社会变化的恐惧。此外，就算不以出生年代划分社会范畴，年长者也会把自己与年轻人比较，认为经历更多、经验更丰富的自己更加优秀，批判年轻人不成熟，存在这样那样的问题，以此满足自我肯定需求。

上司的心理 8：维持现状的保守主义

● 心理关键词：达成需求　规避失败需求
　　　　　　　规避成功需求

枪打出头鸟

俗话说得好，"大树底下好乘凉"。日本人向往进入官公厅①和大企业，与欧美人相比，创业的意愿极低。此外，在"枪打出头鸟"的社会风气中，人们总是抱着不出头则不会挨打的心态。与其挑战新生事物，还不如按部就班，这样就不会失败，也不会被追究责任、被周围人抨击。

这样的风气与日本的社会文化脱不了关系。企业一旦发生丑闻，就会遭到媒体的猛烈抨击，受到严格的社会制裁。组织的规模越大，会议就越多、越复杂，需要花费大量时间做决定，采取万全的措施避免失败。于是，维持现状成为企业的首要任务，员工士气低落，业绩也难有提升。

---

　　① 日本国家政府机关和地方政府机关。

既希望避免失败，也希望避免成功

人类不仅有下定决心尝试新挑战的达成需求 ①，也有害怕失败的失败规避需求。为了避免失败，不去挑战新事物，只要努力维持现状就可以了，这是人们宁愿得过且过的主要动机。

此外，人类还有害怕成功、规避成功的意愿。美国女性心理学家霍纳表示，女性有规避成功的需求。这是因为在曾经的男权社会中，假如女性获得成功，往往会被认为强过男性、没有女人味，甚至出现无法结婚的社会风险。因此女性会做出避免成功的行为，以免违背女性背负的性别角色 ②。

男性也是如此，有些男人害怕为成功打拼会牺牲与家人共处的时间，因此选择维持现状，避免成功。人们就是这样变得得过且过，只想维持现状。

---

① 达成需求：想要做有意义的事情（目标）的动机。阿特金森表示，达成意愿的强度取决于动机的强弱、主观的成功概率、目标的魅力这三种要素。

② 性别角色：男女各有合适的特性、态度、意愿等。这跟生物学上的性别差异不同，应该说是社会上的性别差异。

既希望避免失败也希望避免成功的心理

人类会对各种因素进行综合判断，以确定自己是否会挑战新事物。例如要看成功的概率、挑战的难度，还有成功后满足感的高低和失败后的损失等。

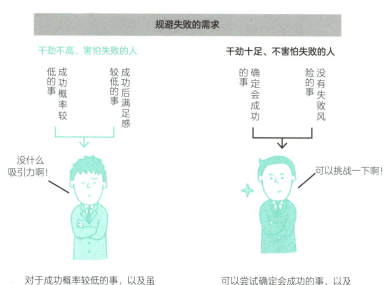

规避失败的需求

干劲不高、害怕失败的人

成功概率较低的事

成功后满足感较低的事

没什么吸引力啊！

对于成功概率较低的事，以及虽然成功概率较高，但所获得的满足感较低的事没有兴趣。

干劲十足、不害怕失败的人

确定会成功的事

没有失败风险的事

可以挑战一下啊！

可以尝试确定会成功的事，以及成功概率较低，即使失败也不会感到惭愧的事。

规避成功需求

如果必须付出对自己来说非常重要的东西才能换取社会上的成功，有些人会选择规避成功。

上司的心理 9：希望通过肢体接触变得亲密

● 心理关键词：非语言沟通　触摸

非语言沟通的方式之一

有些人沟通时会不经意地接触对方的身体。比如，鼓励要出门跑业务的下属时，拍拍他的后背对他说"加油！"；犒劳正在加班的下属时，把手放在肩膀上对他说，"这么晚了还在努力啊"；洽谈业务时，笑着伸出手与对方握手，"感谢您百忙之中抽出时间"。

沟通分为语言沟通和非语言沟通。所谓非语言沟通，是指表情、动作、态度、声音的大小和质量、服装、发型、与对方的距离、触摸①（肢体接触）等。人们在沟通时会综合运用这些非语言沟通手段。

肢体接触是用拉近身体距离的方式达到缩短心理距离的效果。例如，下属为工作上的错误向上司道歉时，上司告诉下属"不必在意"。假如这位上司在说话的同时轻轻拍拍对方的肩膀，就能让下属更加放松，从而加深对上司的信赖。

但是如果对方是异性，在没有获得同意的情况下接触其身体

---

① 触摸：日本人把触碰他人身体的行为称为"身体接触"（Body touch）或"亲密接触"（Skin touch）。

的话，可能被认为是性骚扰。因此需要注意对象和时机，以及具体情况。

私人空间的心理含义

我们会把身体周围视为自己的空间，根据对方与自己的亲密程度来调整双方的距离。我们会无意识地缩短与亲近之人的距离，拉开与不太亲近的人的距离，就是这个道理。

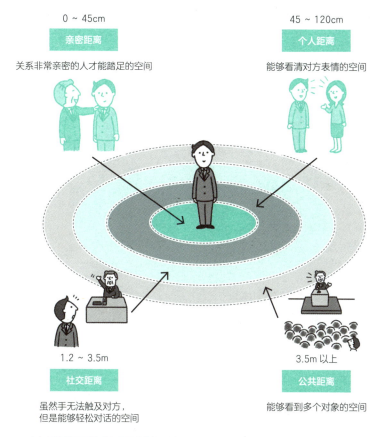

0 ~ 45cm
亲密距离
关系非常亲密的人才能踏足的空间

45 ~ 120cm
个人距离
能够看清对方表情的空间

1.2 ~ 3.5m
社交距离
虽然手无法触及对方，
但是能够轻松对话的空间

3.5m 以上
公共距离
能够看到多个对象的空间

唯有在伸手可及的"亲密距离"的远范围（15 ~ 45cm）之内，才能做出肢体接触。因此，做出肢体接触的人是想要进入对方的亲密距离中，通过身体接触来提高亲密度。

哪种上司受人爱戴

上司会评价下属，下属也会评价上司。
与下属建立良好的关系，上司的前路也会更加宽广。
过去，我们自己做下属的时候，希望遇到什么样的上司？
现在我们自己也有了下属，是否成了一位值得追随的上司？

对待工作的态度

下达明确的判断和指示

上司有正确的判断力，能够做出明确的指示，下属就会信赖上司，全力以赴地工作。

不，在这种情况下，
另一种方法更合适。

部长的指示总是
如此准确。

保持良好的职场氛围

上司不吝言笑、风趣幽默的话，职场的氛围会变得更轻松，下属也会更有干劲。

是个冷笑话……
给他个面子吧。

懂得下属的能力，帮助他们成长

衷心希望下属成长，交给他们合适的工作，让他们发现自己隐藏的能力、发挥自己的才能，切实地帮助他们成长。

感觉能力得到
了发挥。

你应该没问题！
试一试吧！

信赖下属，勇于承担责任

上司信赖下属，愿意承担责任让下属放手一搏，下属也会全力回应上司的期待。

好的！
我一定努力！

出了事我负责，
你大胆去做！

即使对自己不利，也会保护下属

上司承担下属失败的责任，是理所当然的事。即便短期内对自己有不利影响，从长远来看依然是有利的，这会让你赢得下属信赖的。

这次失败的责任由我承担。

部长，太谢谢您了！

不偏袒任何人，一视同仁

上司不为自己的喜好左右，能够公平地对待所有下属，就会获得下属的信赖。

上司好像讨厌我……

平易近人地与下属交谈

与下属沟通交流，是处理业务的必备方式。假如上司能平易近人地与下属交谈，那么下属在遇到问题的时候就会主动与他联络，向他报告，找他商量。

那个……   怎么了？不必担心，有什么困难说说看。

正面评价下属

评价下属时不要带有个人好恶或者武断地质疑对方的能力。正面评价下属的话，会让他更有干劲。

你的口才不太好，没办法做外勤的工作吧。

请您不要轻易下结论！

倾听下属的意见

大多数下属会对上司"高高在上"的做派感到头疼，失去积极性。让我们平等地认真听取他们的意见吧！

所以说你们不行啊。

总是不让人说话……

遵守与下属的约定

无论对方是谁，我们都要遵守约定。即使是与下属的约定，也不能轻视。

课长，您和我们约好今天一起去喝酒……

不好意思啊，部长约我了。

下属的心理 1：不晓得下属在想什么

● 心理关键词：自我意识　羞怯　社交恐惧症

与下属之间的关系让管理人员苦恼

有些管理人员会因为和下属的关系感到苦恼，最大的烦恼就是不知道下属在想什么。上司与下属成长的年代不同，所接受的教育也不一样，价值观自然有差异。价值观悬殊造成的代沟，会使双方越来越难以理解对方。很多上司不知道怎样和下属相处，要他们发表意见却没什么反应，无论是面对表扬还是批评，都一样一言不发。

我们都会在意别人对自己的看法，在与别人打交道时自我意识提高，感到紧张、羞怯 ①，特别是对于初次见面的人，遇到没有经历过的场面，在众人面前发言或者被上司等地位高于自己的人评价时。遭到否定性评价时，自尊心和自信都会受损。如果这样的羞怯倾向加重的话，就可能发展成不敢与人接触的社交不安或行为抑制。

---

① 羞怯（shyness）：指对他人或社会状况感到不安和害羞，存在避免与人接触的倾向。

有些人甚至会患上社交恐惧症

太羞怯的人往往自我意识过剩。比方说，过去曾在工作中出现小小的过失，明明大家转头就忘了，可当事人却认为这是很大的污点。他们会认为一切都是因为自己的错，自己辜负了上司的期望，也给大家添了麻烦。他们被自责的念头所笼罩，最终失去自信，不敢挑战新事物。如此过剩的自我意识会进一步加重社交不安。比如和上司交谈或开会说明情况时，连基本的工作对话都进行不下去。如果羞怯加重，可能发展为社会焦虑障碍（社交恐惧症①），最终选择闭门不出。在社会中生活，要处理好人际关系等各种问题，沟通能力是必不可少的。但是羞怯倾向较强的人很难建立并维持良好的人际关系。

羞怯和社交不安

严重羞怯的人除了自我意识膨胀，太在意旁人的眼光，还有自我评价较低的特征。加拿大心理学家林·奥尔登曾做过有关羞怯和人际关系的实验，印证了上述事实。

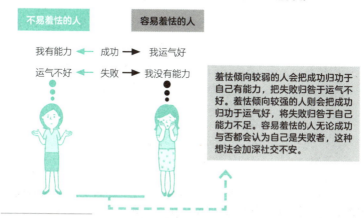

不易羞怯的人　　　　容易羞怯的人

我有能力　←　成功　→　我运气好

运气不好　←　失败　→　我没有能力

羞怯倾向较弱的人会把成功归功于自己有能力，把失败归咎于运气不好。羞怯倾向较强的人则会把成功归功于运气好，将失败归咎于自己能力不足。容易羞怯的人无论成功与否都会认为自己是失败者，这种想法会加深社交不安。

---

① 社交恐惧症：因为害怕被人讨厌，或是害怕得不到好的评价，所以避免交际和维护人际关系的一种精神疾病。日本具有耻辱文化，是日本特有的文化结合症候群。

下属的心理 2：总是想要偷懒

● 心理关键词：80 / 20 法则 社会懈怠 林格曼效应

其实也想全力以赴……

管理学中经常提到"80 / 20 法则"这个概念①。"80%的工作成果来自20%的关键时刻""80%的销售额来自20%的员工"，这样的句子经常被我们引用。我们之所以会赞同这些说法，正是因为认识到了日常工作中有偷懒的员工存在。

心理学中有一个人尽皆知的说法，群体的规模越大，成员偷懒的情况就越多。有很多实验都证明了这一点。其中比较有名的是法国农学工程师林格曼的拔河实验（见下页图）和莱内特的拍手实验。这两个实验均证实了群体越大，每名员工付出得越少。事实上，实验对象并没有打算偷懒，只是随着群体规模变大，员工会觉得"自己不做的活儿一定会有别人来完成"，于是无意识中就偷懒了。此种现象被称为"社会懈怠"②"搭便车现象"或"林格曼效应"。

---

① 80/20法则：由意大利经济学家帕累托发现。该法则提出，在经济中整体数值的大部分来自构成整体的部分要素。

② 社会懈怠：大约在100年前，法国农学工程师林格曼发现群体越大，成员越容易偷懒。他的拔河实验较为有名，此现象也被称为"林格曼效应"。

解决对策是明确任务和责任

群体懈怠甚至会影响到有干劲的员工，使他们不自觉地偷懒。和权力较大的上司相比，年轻员工更容易偷懒。在大企业中，员工很难看到自己的工作与公司的整体业绩有什么联系，不容易感觉到工作的成果。此外，低阶的年轻员工被埋没在大批员工中，有别于那些立于社会或企业顶点的领导阶层，他们担心自己无法获得正面评价，所以比较容易放弃。

针对人们的这种心理，最好事先做出防范的对策，例如减少项目团队的人数，明确各自的任务和责任。建立一支充满干劲的精锐团队，可以预防偷懒，使团队的整体表现更好。

社会懈怠实验

林格曼用拔河实验验证了社会懈怠的现象。

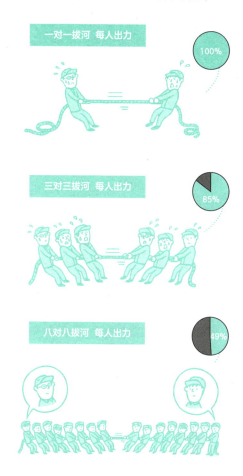

一对一拔河 每人出力 100%

三对三拔河 每人出力 85%

八对八拔河 每人出力 49%

结果

随着参与拔河的人数增多，每个人出的力反而下降。八个人拔河的情况下，每个人出的力反而不到单人拔河时的一半。

下属的心理 3：只完成别人交代的任务

● 心理关键词：等待指示族　达观世代

等待指示一族也成了管理者

只完成别人交代的任务，这是上司对下属不满的重要原因之一。不过，日本现在五十多岁的主管们在年轻的时候也被他们的前辈这样批评过。他们这一代人参加大学入学考试时，填写答题方式从手写变为了涂卡，因此被批判缺少思考能力和应用能力，被称为仅完成被交代的任务的"等待指示一族"。

这一代人生于日本经济高速发展时期，走上社会后又经历了泡沫经济^①。在公司里，论资排辈的前辈们要求他们"看别人怎么做，有样学样"。在工作中，他们逐渐掌握了"不等对方开口便能揣测出对方的意图，提前把事情做好"的工作方法。所以才会要求年轻员工提前做出预判，"不必别人指示也知道要做什么"。

---

① 泡沫经济：因投机行为导致资产价格超过实体经济范畴。日本的泡沫经济始于 20 世纪 80 年代后期，于 90 年代初期崩溃。

没有接到指示不会去做

但是，现在的年轻员工懂事以来，日本的泡沫经济就崩溃了。他们是在闭塞的时代长大的，没有经历过经济景气的时候。尽管如此，他们有本事从漫长的求职冰河期脱颖而出，也算得上是优秀的人才。

年轻人很清楚，他们无法期待过去的经济增长。公司的成长无法期待，自己的升迁加薪也不能被当作梦想和目标。努力只会让工作变得更加辛苦。因此，他们并不会追求理想、实现更高的目标，而是根据自己的水平能力走现实的路线。这就是对结果有心理准备，没有过高期望的"达观世代"①。

优秀的年轻人会做出合理的判断，与其做不必要的事情被上司责骂，倒不如一开始就不去做，这就是他们只做分内事的原因。他们完全有能力完成好自己接到的任务，只要上司明确告诉他们该做什么，而不只抱怨他们不采取主动。

---

① 达观世代：源于网友在互联网上对原日经新闻记者山冈拓所著《没有欲望的年轻人们》一书进行讨论的词语。根据"对结果有所觉悟、没有过高期望的一代人"命名。

泡沫世代和达观世代

达观世代生于 20 世纪 80 年代中后期，与接受宽松教育的"宽松世代"基本重叠。与经历了泡沫经济的父母不同，他们的特征是希望走安定稳健的现实路线。

	泡沫世代	达观世代
名牌	希望自己全身上下都是名牌货	没有钱，不会浪费
汽车	想用开名车证明自己的身价	对车没有兴趣，也不会驾驶
体育	在不同的季节享受网球、滑雪等不同的运动	对运动不关心，因为很疲惫，所以不运动
饮酒	天天饮酒，把酒当水喝	不喝酒
恋爱	期望三高（高学历、高收入、高身高）	淡泊，"草食系"越来越多
信息来源	朋友之间口耳相传	互联网
工作	追求事业成功，不反对换工作	志在稳定，没有过高期望

下属的心理 4：想方设法为自己辩解

● 心理关键词：辩解　合理化　自我设限

用辩解安慰自己

有些人每次工作出问题都会找借口辩解。例如，上司要求他做出解释时，他一定会在"但是""可是""我就是说一句"的开场白之后，说上一段长长的话。

无论对方是否能接受，我们都会按照对自己有利的方式解释。比如，您是否也有过类似的经历：努力做好的企划书没有被采用时，心里会想，"那个项目的日程安排太紧了，没有通过也不错"。或者在没有签下非常重视的合同时，会觉得"负责人好像非常严格，如果签约的话可能要吃苦头了。反正还会有更好的客户"。

像这样，在无法达成某个目标时，我们会把责任归咎于外界因素，捏造出对自己有利的借口来说服自己，达到安慰自己的效果。在心理学中，这样的内心活动叫"合理化"。

事先找好借口，以应对失败

也有些人都还没开始，就先为自己准备了各种借口。例如，在升迁考试之前，就整天说自己"工作太忙了，完全没有时间学习啊！"在重要的发布会之前，会找借口为自己辩解，"跟其他公司的企划案撞车了，没有时间好好准备"。

事先准备好借口的话，即便升迁考试失败，企划案没有被采用，也可以用不可抗力来解释，上司和同事也会原谅自己。在面对各种问题的时候，事先设置一个对自己不利的条件，以免失败时自尊心受损，这又称为"自我设限"。

如此一来，如果真的失败了，就可以说是因为条件不利，而不是自己的能力不足或不够努力。相反，一旦成功，就可以说自己凭实力战胜了劣势。无论结果如何，都能保护自尊心不受伤害。

⊙ 职场 Topics

寻找对自己有利的借口，
伊索寓言中的"酸葡萄"

伊索是古希腊著名寓言作家，他把各地流传的民间传说和个人创作的寓言集合成书，就是《伊索寓言》。这部作品从古代流传至今，深受读者喜爱。"酸葡萄"就是其中一则故事。

一天，饥肠辘辘的狐狸走过结满果实的葡萄树。狐狸想要吃葡萄，使劲往上跳。但是葡萄长的位置太高，根本就够不到。狐狸恼羞成怒，看着高高在上的葡萄，丢下一句："哼，反正那葡萄肯定又酸又难吃，谁愿意吃啊！"然后离开了。

这则寓言经常被看作让自己合理化的例子。当没有得到想要的东西时，就会以没有价值为借口安慰自己。此外，英语中也用"酸葡萄"表示嘴硬。

下属的心理 5：自我评价低，没有自信

● 心理关键词：自我评价　抑郁型自我意识
　　　　　　　冒名顶替症候群

抑郁型自我意识

"半杯水"的寓言很有名。同样是看到杯子里装有半杯水，人的感想却完全不同，有人会很悲观，觉得"只有半杯水"；有人会很乐观，庆幸"已经有半杯水了"。

从心理学的角度看，这是自我评价影响了心理状态。

自我评价低的人和觉得"只有半杯水"的人一样，觉得自己能力差，没有魅力，他们即使成功了，还是会纠结于其中的小小瑕疵，总在后悔。"如果那次没有失败就好了……"而一旦失败，这些人就会陷入自我厌恶，觉得自己果然很无能。

这就是抑郁型自我意识，无论成功还是失败，都只会注意负面因素。这种意识会让他们陷入恶性循环，导致自我评价进一步降低。

冒名顶替症候群在女性中更多见

冒名顶替（诈骗犯）症候群 [1] 在女性中很常见。患有冒名顶替症候群的人，即使成绩得到了大家认可，还是会认为自己的成功仅仅是因为运气好而已，否认取得成绩是因为自己的能力，担心自己是不是欺世盗名——冒名顶替症候群因此而得名。

即使上司委任与其实力相符的职位，自我评价低的人也会觉得自己没有能力胜任。上司好意提拔她们，她们不但不高兴，反而毫无干劲。这样会让上司感到失望甚至心生不满，最终得出结论"女人还是不行啊"。但上司为推进职场多元化，明知道要求女性容易看轻自己，还是要用好她们的能力。

自我认知差异导致的自我评价不同

关注优点和成功等积极要素的人会对自己做出肯定的自我评价。而关注缺点和失败等消极要素的人，具有抑郁型自我意识。

自我评价高的人	自我评价低的人
● 看到积极的因素。	● 关注消极的因素。

杯子里已经有半杯水了！

杯子里只有半杯水！

---

① 冒名顶替症候群：无法相信自身的成功是靠自己的实力得来的。据说多见于女性，但最近研究发现这种情况在男性当中也很常见。

下属的心理 6：善于用客套话抓住人心

● 心理关键词：客套　迎合

发自内心的叫称赞，否则就是客套

过去日本的宴席上会聘请一种艺人叫"持太鼓"①。他们负责消除客人的不悦，活跃场上的气氛。可以说这种传统艺术的存在反映了人们花钱请专业人士赞美自己的心理。商场上也有这样的情况。

有的人擅长找出他人的优点并适当赞扬，比如才看了一眼传阅的会议资料，就会对上司或前辈的能力赞不绝口；女同事服装和发型的变化稍有改变就马上赞扬几句。

如果这些话是真心话就是称赞，如果只是为了博取对方的欢心、嘴上说说而已的话就是客套话了。但是，即使明知道是客套话，也不会有人讨厌。虽然也会开玩笑说对方太会说话，但无法否认内心是愉快的。在心理学中，利用人们喜欢被赞美的心理来称赞对方，属于博取对方好感的迎合。

---

①持太鼓：在宴会等场合消除客人不悦情绪、活跃气氛的艺人，也称为"帮问""男艺者"。据说该职业始现于江户时代。业余的艺人称为"野太鼓"。

客套话在欧美是必要的

在日本，人们对于客套话总有着负面的感觉，觉得"很容易看穿""有些肉麻"。而在欧美，客套话是使人际关系更融洽的润滑剂。

比如，无论是在私人场合还是工作场合，无论对象是男是女都会关注对方的优点，在寒暄时寻找让对方高兴的话题，比如夸男性，"您的领带真漂亮啊"。这些客套话几乎像打招呼一样重要。

而具备这种能力的人也会因为擅长沟通得到好评。没有人会对自己不在意的人花心思，希望让对方高兴才会说客套话，所以应该把客套话作为一种沟通方法合理利用。

说客套话的技巧

表扬对方的优点、让对方心情愉悦的行为都称为"迎合"。迎合的作用是让对方对自己产生好印象。迎合分为赞美和自谦，两者都会抬高对方，以获得对方的好感。

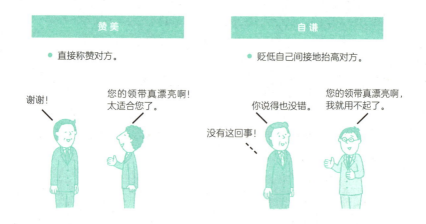

下属的心理 7：通过溜须拍马博取好感

● 心理关键词：自我呈现　溜须拍马　巴结

博取对方好感的印象操作

有意也好无意也罢，日常生活中我们会根据时间、场所、对象、场合，改变服装和发型等外在条件。因为我们想给对方留下符合我们期望的印象，所以会采用操作印象的方式达成期望。在心理学中，将这种印象操作称为"自我呈现"。

美国心理学家琼斯和皮特曼将自我呈现分为五种。其中溜须拍马是为了让对方对自己产生好感的巴结行为。

被溜须拍马的上司，也希望下属对自己抱有好印象，哪怕只是流于表面，也总好过反感。

但是，溜须拍马并不是总能达到预期的效果。比如下属在上司面前使劲拍马屁，背后却说他的坏话。一旦传入上司耳中，他就会知道原来下属只是在拍马屁，对下属的态度就会转为轻蔑甚至冷落。这时自我呈现作战以失败告终，结果是赔了夫人又折兵。

拍马屁也需要讲技巧，但如果想要获得上司和同事的好感，最好的自我呈现方式还是不断提升自己的工作能力，可以说这才是王道。

用自我呈现的方式进行印象操作

我们会通过自我呈现操作自己的印象，期待对方对自己做出好的评价。琼斯和皮特曼将印象操作分为五种。每种自我呈现都可能会有相反的两种效果，达到目的、获得好评或者招致对方反感。

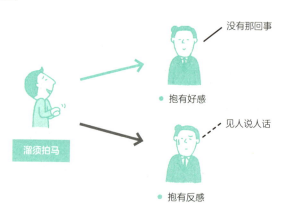

印象操作事例	典型行为	期待对方对自己抱有的感情	想得到的评价	失败时的评价
巴结	自我表露 从众行为 亲切 客套话 拍马屁	好感	产生好感	没有主见 卑微
自我宣传	称自己能力强、业绩佳	尊敬	有能力	自恋 不诚实
示范	自我否定 援助 奉献式努力	罪恶感 羞耻	有价值的	伪善者 信心膨胀
威胁	威胁 抓狂	恐惧	危险的	烦人 无能
恳求	自我批判 请求援助	维护 照顾	可怜的	懒惰 索取者

下属的心理 8：在职场中自我孤立，
心态上成了蜗居族

● 心理关键词：准蜗居族　亲和欲望　无助感

害怕社交的准蜗居族

有的人从来不会迟到早退，别人交代的工作也会做好，但他们会尽量避免与上司和同事等人接触。他们在午休时也是独来独往，从不和同事吃饭喝酒，也不参加公司的活动，永远是一个人。

他们几乎从来不会主动开口与人交谈，只进行最低限度的对话，对同事说话也礼貌客气。这不是表示尊敬对方，而是想与对方在心理上保持距离。因为他们在内心深处非常害怕与他人深度交流。

富山国际大学的樋口康彦 2006 年出版了《准蜗居族——为什么有的人会被孤立》，书中把自己关在家里的人称为"社会性蜗居族"，把虽然会去大学上课、去公司上班参与社会活动，但在心理上封闭自己的人称为"准蜗居族"。

孤独感会招致孤立

人都有希望与他人亲近的亲和欲望[①]。准蜗居族虽然在社会中

①　亲和欲望：希望与别人在一起避免孤独的欲望。这是一种建立人际关系的动机。因灾害等紧急情况陷入不安和恐惧时，人的亲和欲望会变强。

孤独感太强的话真的会变孤独

"一人成行"的说法越来越普遍，更多的人独自享受美食、旅行，可见孤独的人未必都有孤独感。但是，孤独感较强的人很容易孤独，而孤独又会加深孤独感。

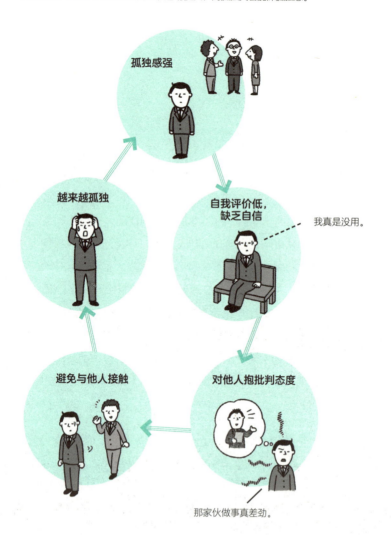

孤独感强

越来越孤独

自我评价低，
缺乏自信

我真是没用。

对他人抱批判态度

避免与他人接触

那家伙做事真差劲。

生活，但是害怕在与他人交往的过程中受到伤害，从此封闭自己的内心不与人接触。他们会避免一切形式的交往，表现出拒绝别人的形态，因此受到群体的孤立。周围的人们会觉得他们不好相处，不易亲近。长此以往，没有人愿意与他们接触交谈，他们也就越来越孤独了。

　　美国心理学家琼斯研究了孤独感会如何影响行为。结果发现，那些觉得自己孤独的人自我评价较低，缺乏自信，不为他人所理解，也无法相信他人，而且内心有无法改变社会不公的无助感。他们不仅批判自我，对他人和社会也抱着批判态度，无法与人建立良好的人际关系，导致孤独感越来越强烈。

下属的心理 9：一点小事就会"抓狂"

● 心理关键词：挫折反应　挫折耐受力

曾经容易抓狂的年轻人也走上了管理岗位

过去，日本人认为不满和愤怒经过长期积累到达极限后就会爆发。也就是说，以前的人们也会抓狂。

"抓狂"是 20 世纪 90 年代形容当时的年轻人的词语。30 多年过去了，当时的年轻人已经成了公司的中层领导，开始结婚甚至为人父母。如今，无论年龄性别，抓狂的现象在每个人身上都可以见到。

心理学中将这种抓狂的现象称为"挫折（frustration）反应"。因为某种原因欲望得不到满足时，人们就会产生挫折反应。因为此时心理会高度紧张，为了释放这种紧张感，会产生各种各样的挫折反应。

挫折反应分为五种，最常见的是攻击型反应，例如攻击他人和破坏性行为。

锻炼挫折耐受力

任何人都会遇到挫折，但有的人可以在高度紧张的状态下控制自己的反应。美国精神分析家索尔·罗森茨威格将能够承受挫折并克服挫折的能力称为"挫折耐受力"①。

挫折耐受力并非与生俱来。在一个人的幼儿时期给予其适当的挫折体验，使其不断积累克服挫折的经验，这个人就可以掌握这种能力。

因此，挫折耐受力是可以提高的。方法是分析挫折的原因并努力解决，或是与家人和朋友交流。

挫折反应

人在陷入挫折状态后，为消除得不到满足的欲望，会采取以下五种挫折反应。"抓狂"就是其中之一，属于攻击性反应。

1 攻击性反应
表现出攻击他人或丢掷物品等破坏性行为。

2 退化反应
表现出心智年龄退化、或向人撒娇等幼稚行为。

3 压抑反应
控制自己不去留意挫折感。

没关系，没关系，我很满足。

4 逃避反应
逃避现实，做白日梦、幻想。

5 固着反应
通过咬指甲或抖腿消除紧张。

① 挫折耐受力：承受、克服挫折的能力。可通过积累经验、接受心理辅导等方法提高。

下属的心理 10：在网上说上司的坏话

● 心理关键词：虚拟空间　匿名性

在网络上可以变成另一个人

越来越多的下属被上司责骂训斥后，会在网络社群中说上司的坏话。有人明明知道上司会看到，还是会发文抱怨。以前的人即使心里有怨气也不敢直接对上司说，会冷静一段时间再找同事和朋友抱怨。而随着社交媒体的普及，大家一有不满就会马上在网络上发泄出来。

在网上可以自行上传姓名、照片和资料等各种信息。也就是说，如果愿意的话，当事人可以变成一个与自己完全不同的虚拟人物与他人交流。因此，在虚拟空间中，利用网络的匿名性，人们可以说出很多不敢当面说出的诽谤中伤和谩骂。

匿名性让人产生攻击性

美国心理学家菲利普·津巴多通过实验证实了匿名性会提高攻击性。将参与实验的女大学生分为两组，都穿着实验衣，仅露出眼睛；一组身上佩戴名牌，而另一组身上没有。两组人手里都有用来电击的开关，可以按下开关电击对方。结果表明，没有戴名牌的一组按下按钮进行电击的时间更长。即人们在别人无法确定自己是谁，不需要担心他们如何看待自己时，在不会受到反击的状态下会表现得特别具有攻击性。

这种状况就如网络虚拟空间一样。论坛和博客充斥着对别人的诽谤中伤，正是因为匿名性让人们说出了内心深处隐藏的真正想法。也只有在匿名的虚拟空间，才敢写下对上司的坏话。因为在网上不必担心别人知道自己是谁，无论写什么都不会被追究或者反击。

匿名性会提高攻击性

心理学家津巴多通过实验证实了匿名性会提高攻击性。

实验方法

1. 参与实验的女大学生分为两组，一组穿着可以掩饰身份的实验衣；另一组也穿着实验衣，但佩戴有可以确定身份的名牌。让两组人都手持可进行电击的按钮。

2. 事先给出信息，告诉她们谁比较让人讨厌，谁比较让人喜欢。

3. 让她们对讨厌的人实施电击。告诉她们如果觉得对方可怜的话，也可以不按按钮。

匿名性高的组

匿名性低的组

结果

没有戴名牌的一组按下按钮进行电击的时间更长。

↓

匿名性会提高攻击性

下属的心理 11：过分在意上司的评价

● 心理关键词：自我评价　他人评价　自卑情结

上司不在时会偷懒

有时虽然手头有很多工作，却无法集中精力。如果此时周围有人的话，就会勉强自己装出正在工作的样子。但是，如果没有其他人在的话，就会喝喝茶、看看邮件，进入休息模式——类似的情况想必大家都有吧?

不想让别人觉得自己工作懈怠，希望别人觉得自己认真勤恳，这种心理会让我们在别人面前装出专注的样子。考生会去图书馆或餐馆学习，应该也是利用他人的目光督促自己保持紧张感。

而身边的人是上司还是同事，影响也是不一样的。有人只有在上司在的时候才会努力工作，上司出差或外出不在的时候就会上网冲浪、与人闲聊。上司不在的话，紧张感会荡然无存，于是开始偷懒，与之前判若两人。很多人会讨厌这样的同事，可上司却蒙在鼓里，让认真工作的人为自己感到不值。

过分在意他人的评价

想获得上司的赞赏是认真工作的一大动力。那么，我们为什么会如此重视上司的眼光胜于同事的看法呢?

一般来说，自我评价越低的人越在意别人如何看自己，即他人评价 ①。因为他们希望通过他人的赞扬自己来提高低迷的自我评价。

而上司地位更高、权力更大、又能决定加薪和升职，相比同事的评价，对于上司的评价自然就会更在意。

这样的心态背后有着强烈的自卑情结。获得他人评价的目的在于提高自我评价，但如果希望问题得到根本解决，还是应该通过心理咨询克服自卑情结，从根本上提高自我评价。

自我评价和他人评价

我们为了维护自尊心，要将自我评价维持在较高水平。因此，自我评价低的人会在无意识中通过接受他人的评价来间接地提高自我评价。

● 自我评价较低的话，会希望提高他人评价。

● 相比来自同事的他人评价，来自上司的他人评价更能提高自我评价。

---

① 自我评价和他人评价：当事人对自己进行的评价是自我评价，别人对自己的评价是他人评价。自我评价高的人自我肯定感（自尊感情）也高。

下属的心理 12：难以相处的怪人

● 心理关键词：从众行为　独特性需求　多元化

不希望自己在群体中显得格格不入

　　我们属于各种不同的群体，包括职场、家庭、地区、同好甚至酒友。每个群体都有自己的规则，成员们要按照规则行事。如果成员的意见和想法与规则一致就没有问题，如果有不同，就需要调整差异去融入群体。

　　美国社会心理学家所罗门·阿希通过实验证明，当群体中其他成员的意见一致而只有自己意见不同时，我们会改变自己的意见遵守群体的规则，以免自己被群体排斥。该实验中，因为群体压力改变自己意见的人达到三分之一。

　　实验结果表明，不迎合大众、坚持自己的意见是多么困难。尤其是在重视协调性的日本，这一比例可能会更高。多数人为避免自己在群体中显得格格不入，宁可改变自己的意见也要与大家保持一致。

不同未必不好

　　但是，人们的内心当中除了有希望与大家保持一致的需要之外，也有希望做自己的独特性（Uniqueness）需求①。我们要平衡两种相反的要求，确定自己在群体中的位置。

独特性需求更强的人不会在意群体压力，而是会坚持自己的意见，极端情况下会被视为没有协调性的怪人。但是，近年来员工的多元化②被视为一种特色而被社会所接受，善加利用有助于企业的发展。为最大限度地发挥每名员工的能力，迅速应对多变的商业环境和多样化的需求，公司应该用独特性的观点评价、使用员工。

独特性需求

独特性需求较强的员工容易获得较低的评价，他们经常被别人认为没有协调性。但其实独特性并不是缺点，他们具有独立的价值观和想法，如果能以独特性的观点评价、使用，可以促进企业的多元化发展，帮助企业适应经营环境的变化，提高竞争力。

独特性需求强的人有哪些特征

不在意别人对自己的看法

那个家伙有点奇怪啊！

我与大家不一样，是独一无二的。你们羡慕去吧！

不遵从传统和规则

这是最新的和服穿法！

敢于表达自己的意见

我是这么认为的。

---

① 独特性需求：人们在承受群体压力时除了会采取从众行为，还有追求与众不同的独特性需求。

② 多元化：20 世纪 60 年代至 70 年代诞生于美国的一种观念。这种观点的主要特征是，认为不问性别、国籍和年龄，使用多样人才可以提升企业生产力、促进企业发展，进而达到实现个体幸福的目标。

下属的心理 13：一直是新人，全无动力

● 心理关键词：无助感　习得性无助　皮格马利翁效应

永远都是菜鸟

由于长期的经济不景气，日本很多企业都不再招聘新人。对于学生来说，就业困境持续，形势越来越严峻；而企业中员工的高龄化问题越来越严重，无法解决，越来越多的年轻员工等不到新人进来，自己成了万年新人①。每到年初，他们都要感慨："今年又要重复同样的工作……公司什么时候才能招新人啊！"

在职场中，他们一直是最年轻的员工，始终没有机会主持某项工作，或者指导后辈锻炼管理能力，日复一日重复着接听电话、写会议记录、担任宴会干事等本来应该由新员工负责的工作。因此导致本人毫无工作动力，与在 IT 企业或者成长性企业工作的同龄人相比职业发展的差距也越来越大。

潜移默化中有了无助感

美国心理学家马丁·赛里格曼通过狗狗的动物实验，发现无

---

① 万年新人：没有后辈可带的职员。2008 年雷曼事件之后，很多企业不再招聘新人，其中管理部门和研究开发部门尤以为甚。

助感会在潜移默化中成为习惯。如果我们长期处于努力却得不到回报的环境中，就会觉得"无论做什么都是徒劳"，丧失挑战的欲望，这称为"习得性无助"。

公司可能因为某些原因没有招聘新人，为避免万年菜鸟陷入习得性无助，上司应该进行妥善管理，让他们在每天的业务中锻炼自己的能力。

对此，心理学提供了答案。当一个人被他人期待，就会努力发挥自己的能力，以不辜负对方，这就是皮格马利翁效应。

希腊神话中有一位雕刻大师叫皮格马利翁，他深深迷恋上了自己创作的女性雕像，期待雕像可以变成人。神明被他强烈的诚心打动，赐予了雕像生命，实现了他的愿望。如果上司可以像皮格马利翁一样，对下属怀着强烈的期待，那么下属也会努力回应上司。

塞里格曼的狗

心理学家塞里格曼用狗进行了实验，发现动物若长期处于无法逃避压力的环境下，会丧失为逃出困境而努力的欲望。基于这个实验，他提出了习得性无助的概念。

实验方法

① 对 2 只狗进行电击。

放置一个按下后可以停止电击的按钮，让狗狗学习如何免受电击。

不放置按钮，让狗狗学习无法逃避电击的现实。

② 之后将 2 只狗转移至另一个箱子里。箱子分成两个隔间，一个有电击，一个没有电击。

转移至安全的隔间。

狗狗不愿移动，一直在原地承受电击。

结 果

A 狗狗学到可以免受电击。B 狗狗却学到无法避免电击。

什么样的下属讨上司喜欢

据说上司更看重的是下属对工作的态度，而非工作需要的知识或技术。和别人礼貌地寒暄、能虚心接受别人的意见、认真完成上司交办的工作，这些是成为"优秀下属"的条件，具备这些条件上司才愿意交付重要工作。

对待工作的态度

总是朝气蓬勃，面带微笑

上司愿意将工作交给有朝气的下属，即使工作能力稍有欠缺。这样不知不觉中就被当成"能干的下属"了。

他今天也这么干劲十足！

辛苦了！

能够礼貌地和人寒暄

对所有人都礼貌地寒暄，可以给上司留下工作热情较高的印象。

我跑完业务回来了！

这次的工作交给她吧！

不惧失败，不找借口辩解

不会因失败而消沉，也不找借口为自己辩解。冷静客观地分析原因，吸取教训，为成功积累经验。

失败是因为这个原因。以后一定不能重蹈覆辙！

做的比说的多

光耍嘴皮子的下属不会得到上司的信赖。上司喜欢积极行动的下属，而不是找一堆借口的下属。

啊，这项工作我来做！

这个年轻人有前途！

尊重上司

上司既是经验丰富的职场前辈，人生路上也走在我们前面。对上司一定要尊重，这是最基本的要求。

应对真得体。我应该多向他学习。

认真倾听，遵从指示

在别人讲话时认真倾听是作为社会人的基本礼貌。在上司讲话时认真记笔记，可以获得上司的青睐。

原来如此啊！

是的！

重视报告、联络、商量工作

工作时不要自作主张，要与上司勤沟通。遇到问题不要隐瞒，马上找上司商量解决办法。

这个问题我有点担心……

你能尽早和我说真是太好了。

主动处理好杂务

杂务是所有工作的基础。轻视杂务无法有大作为。积极主动承担杂务吧。

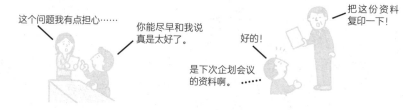

把这份资料复印一下！

好的！

是下次企划会议的资料啊。……

要保持谦逊

工作越得心应手越容易得意忘形。上司喜欢不炫耀学历和能力、谦虚工作的下属。

现在我还要做这种工作？

太傲慢了！

唔

发生坏事也要汇报

没有人能保证不犯错，发生坏事要尽早报告。这样上司也比较好做出判断，趁问题不严重的时候解决。

我很期待这次会上能和客户达成合作！

糟了，我忘记联络客户了！

同事的心理 1：不喜欢同事

● 心理关键词：第一印象　预言的自我实现
　　　　　　　自我表露的相互性

第一印象是准确的

我们一生中会遇到很多人，总有自己不喜欢的。即使在同一家公司工作，也并非和每个同事都合得来。如果可以的话，有些人我们甚至不愿见到，也不想和他们说话。你是否从认识他们的那一刻开始，就觉得不喜欢对方呢？

人们会根据外在等视觉信息确立对方的第一印象，在无意识中根据第一印象做出人际认知①。比如说，如果对一个人的第一印象良好，我们会关注他的长处，用他的长处诠释他的为人。而对于第一印象不佳的人就会做出相反的反应。

让我们想想早上跟对方打招呼而对方没有回应的情况。如果你认为对方是好人的话，就会觉得"他可能是没有注意到我和他打招呼"，而如果觉得对方是个讨厌的人，则会断定"他肯定是故意

---

① 人际认知：根据语言、行为、风评等明确的线索主观推测对方的态度、意图、感情和性格等内在特质。

无视我"。心理学中将这种现象称为"预言的自我实现"①。这样的情况一再发生，我们就会越来越相信第一印象是准确的。但是，按照第一印象进行人际认知，其实意味着喜欢的对象和讨厌的对象，都是我们自己塑造出来的。

只有自己敞开心扉，对方才会以诚相待

但是，如果因为不喜欢同事就避免与他接触，这样会对工作产生影响。让我们看一下自我表露的相互性会有怎样的效果。

首先，让我们回想一下自己与合得来的同事是如何沟通的。与他们不仅会谈论工作上的事情，还会聊自己的兴趣爱好、家庭成员、烦恼等。这是因为我们希望自己喜欢的人更加了解自己。这样向对方敞开心扉（自我表露），会让对方对自己产生好感。而对方也会愿意自我表露，这就是自我表露的相互性。两人会因此变得更亲密。

与第一印象好的人相处起来更融洽

如果对于一个人的第一印象很好，就会采取友善的言行。也就是说，无论是喜欢的人还是讨厌的人，其实都是我们自己塑造的。

 根据第一印象觉得对方人不错

  ⋯⋯ 感觉她很随和呀。

---

① 预言的自我实现：当对方的第一印象确立后，我们会根据该印象进行人际认知，对方也会采取与此相符的言行，因此使人相信预言得以实现。

2 友好地对待对方

我也要友好地对她。

3 对方也觉得我们人不错

这个人很随和呢。

4 对方也友好地对待我们

我也友好地对待她吧。

5 于是我们就相信，自己看人的第一印象是准确的

她果然很随和。 她真的很随和。

同事的心理 2：会忍不住和同事比较

● 心理关键词：社会比较理论　上行比较　下行比较

与情况相似的对象比较

大家是否会经常将自己与同事，特别是同期进入公司的同事比较？比如同期进入公司的人中谁会最先升迁、同期进入公司的人中没有结婚的只有我自己了……人们如果没有在群体中确认自己的位置，就会感到不安。所以会将自己的思维、能力、年龄、容貌等与其他人比较，以此判断自己的实力如何、自己的意见是否恰当，以确认自己的位置。美国心理学家利昂·费斯廷格将这种心理命名为社会比较理论 ①。

在职场，评价工作的契合度、团队合作的协调性、领导力等没有客观判断标准的领域时，与其他人比较是确认自己位置的最重要手段。因此想要比较是很正常的。

我们在与人比较时，会无意识地选择与自己程度相当的人，而不是与自己程度相差悬殊的人。例如，学生会选择同班同学，主妇会选择附近的主妇，公司职员会选择同事。所以我们会将自己与

---

① 社会比较理论：为了稳定自我评价，人们会和与自己情况相近的对象进行社会比较。自尊心的高低决定当事人是进行上行比较还是进行下行比较，是一种与自我评价原理相关的理论。

同期进入公司的人比较，而不是与领导比较。

自信的人会向上比，不自信的人会向下比

但是，比较的对象并不都限于与自己程度相近的人。会与什么样的对象比较取决于当时的自信心和自尊心。

当对自己有信心、自尊心得到满足时，会与比自己优秀的人比较，比如比自己早很多年进公司、业绩突出的前辈。会进行这样的上行比较，是出于希望进一步提高自己能力的上进心，或者希望确认自己进步程度的欲望。

而失去自信、自尊心受到威胁时，会与不如自己的对象比较，这就是下行比较。觉得"比下有余"，让自己获得安心感。

自尊心与比较对象

人们通常会与自己情况相似的对象进行社会比较，自尊心较高时会与优于自己的人比较，自信心较低时会与不如自己的人比较。

上行比较

有自信时会产生上进心，因此会与比自己优秀的人比较。

我的实力几乎和他不相上下了。

类似比较

希望确认自己在群体中的位置时，会和相似的对象进行比较。

我比他好多了。

下行比较

没有自信时，希望通过优越感找回自信，因此会与不如自己的人进行比较。

我可比那家伙强多了。

同事的心理 3：无法真心为同事的成功感到喜悦

● 心理关键词：沾光　自我评价维护理论

对亲近的人要求会更苛刻

大家有没有炫耀过自己认识名校学生、大企业员工或者某个名人呢？比如自己的姐姐在巴黎留学、某位歌手是自己中学时期的学弟等。之所以会对他们的活跃感到高兴，是因为他们的荣誉可以让我们沾光，从而提高自我评价。

但是，如果同期进入公司的朋友比自己早升迁的话，应该就高兴不起来了吧？虽然之前关系很好，和他跑完兴趣马拉松时还一同庆祝过。但是此时我们会对他产生抵触和嫉妒心，觉得上司厚此薄彼而产生怨气，因为自己得到的评价低而陷入自我厌恶。

美国心理学家亚伯拉罕·泰瑟对这种复杂的感情进行了分析，提出了自我评价维护理论。该理论认为，自我评价由 ① 与比较对象的心理距离；② 比较领域对于我们的重要程度；③ 对方在该领域中取得的成绩等三个要素决定。例如，如果与我们关系亲近的人在对于我们来说并不重要的领域取得佳绩，我们就会以沾光的方式提高自我评价。但是如果同一个对象在对于我们来说很重要的领域取得佳绩，会导致我们的自我评价下降，因此我们会采取批判对方，催眠自己让自己觉得那个领域并不重要，或者努力提升自己的成绩等对策。总之，人们会通过某种方法将自我评价维持在较高水平。

何谓自我评价维护理论？

根据美国心理学家泰瑟的自我评价维护理论，自我评价由下图中的三个要素决定。

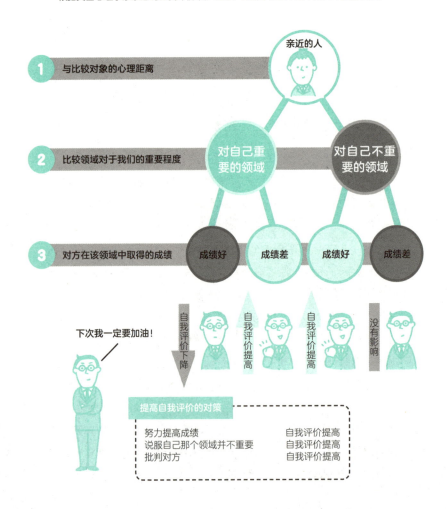

结 果

· 与我们关系亲近的人在对于我们来说并不重要的领域取得好成绩时，我们会通过沾光的方式提高自我评价。

· 同一个对象在对于我们来说很重要的领域取得好成绩，会导致我们的自我评价下降。

· 自我评价下降时，我们需要提高已经降低的自我评价，会采取批判对方，催眠自己让自己觉得那个领域并不重要，或者努力提升自己的成绩等对策。

> **总之，人们会通过某种方法将自我评价维持在较高水平。**

通过心理学看透性格

古希腊留下了记载性格类型的最古老文献，而现代人热衷于星座和血型。从古到今，人们为了知晓别人的性格不断努力，积累的研究成果大致可分为类型论和特质论。

类型论和特质论

类型论 ……分成不同类型进行推断

该方法将性格分类为几种典型的类型，根据每个人所属的归类来判断其性格。

这一方法非常古老，可追溯至古希腊医圣希波克拉底的四大液体说。具有代表性的类型论包括德国精神医学家恩斯特·克雷奇默的体型说、美国心理学家威廉·谢尔顿的胚胎类型论和德国心理学家爱德华·斯普朗格的价值类型论等。

特质论 ……综合多种特质进行推断

以外向性和协调性等多种特质进行推断，根据各种特质的强弱解读一个人的性格。

类型论和特质论相辅相成

	优点	缺点
类型论	易于掌握整体性格。	类型之外的性格会被忽视。
特质论	能以分析和多元的观点推断性格。	不易掌握整体性格。

类型论诞生于 19 世纪的德国，主要目的是掌握性格的大致倾向。而特质论是为了更加细致地掌握性格，20 世纪以后才在美国得到发展。类型论和特质论有着各自的优点和缺点，两者相辅相成，综合运用可以更加准确地掌握性格。

类型论举例 ① 克雷奇默的体型说

类型论中具有代表性的有克雷奇默的体型说。克雷奇默在诊治多位精神病患者后发现，体型与特定的精神疾病之间存在一定关系。之后他发现健康人的体型与性格之间也存在同样的关系。现在这种方法受到质疑。

肌肉型（偏执气质）
做事认真，富有正义感。忍耐力强，但是顽固，缺乏灵活性，不顺心的时候会暴怒。

瘦弱型（分裂气质）
安静内向，认真到神经质的程度。有理解力和洞察力，但也有孤僻不愿意参与社交的一面。

丰满型（躁郁气质）
开朗、大方、亲切、有社交性，但情绪不稳定，高兴和失落时的落差很大。

类型论举例 ② 斯普朗格的价值类型论

斯普朗格认为生活领域主要有理论、艺术、经济、宗教、社会、政治等六大价值观，并按照每个人重视的价值观对其性格进行分类。

理论型	重视合理性，尊重普遍、客观的事实。	艺术型	重视美与和谐，热衷于艺术活动。
经济型	信奉财力至上主义，优先考虑实用性、有效性、经济性。	宗教型	对于宗教活动或神秘体验感兴趣。
社会型	重视与他人的关系，通过奉献和关爱别人获得充实感。	政治型	权力欲望强，支配指导他人时会感到愉悦。

瑞士心理学家卡尔·古斯塔夫·荣格根据人倾注心力的方向，将人的性格分为外向型和内向型两种。

外向型的人关注外在环境，由于行为的基准以外在为主，因此更注重社会评价，具有容易被他人意见影响的倾向。而内向型的人更关注内在，由于行为基准以内在为主，因此比起社会的价值观更重视自己的价值观，具有不易被他人的意见所左右的倾向。

外向型
关注外在环境，适应新环境的能力很强。喜欢社交，行动力强，但容易受到他人意见的影响。

内向型
更关注自己的内在，适应新环境的能力较差。但有自己的见解，不易受到他人的意见影响。

为了更加细致地对人类的性格进行区分，荣格提出每个人都有自己最擅长的心理机能，并将心理机能分为四类，分别为思考、情感、感官和直觉。

思考型
想了解作者是谁、作品的主题是什么，从中获得信息。

情感型
以个人好恶理解作品。

看到同一幅画，情绪反应会因人而异，看法也各不相同。

感官型
以五感体会画的构图和色彩。

直觉型
以第六感体会作品的内涵，例如作者的性格、主题等。

荣格将之前介绍的两种性格分类和四种心理机能结合,将人的性格分为八种类型。

	思考型	情感型	感官型	直觉型
外向型	**外向思考型** 基于客观事实思考事物,对他人苛刻,如果有错误和失败会严厉追究。	**外向情感型** 不会深入思考事物。很容易让人喜欢,擅长交朋友和维持关系。	**外向感官型** 接受、适应现实的能力很强。信奉享乐主义,努力追求享乐。	**外向直觉型** 重视领悟和灵感,追求实现的可能性。此类型多产生企业家。
内向型	**内向思考型** 关注内在,重视主观。有顽固的一面。	**内向情感型** 感受力强,有优先丰富自身内在的倾向。	**内向感官型** 洞察事物本质的能力较强。具有独特的表现力。	**内向直觉型** 按照非现实的灵感行动。此类型多产生艺术家。

特质论由美国心理学家高尔顿·奥尔波特提出。之后虽然有很多心理学家提出决定性格的独立因素，但目前均被总结为通过五种因素进行解释的大五人格理论（五种性格特质理论）。通过问卷调查五种因素的强弱，从结论中分析性格。

外向性

衡量人际交往能力的好坏。该倾向较强的人为社交型。

亲和性

衡量与人交往是否有亲和力。该倾向较强的人有协调性。

开放性

衡量是否关心外在事物，以及能否接受事实。该倾向较强的人好奇心旺盛。

严谨性

衡量处事是否严谨。该倾向较强的人比较勤勉。

神经质

衡量是否在意琐碎的小事。该倾向较强的人情绪不稳定。

第 **2** 章

如何建立良好的人际关系
掌握沟通能力

对待同事 1：如何在新职场给人留下好印象？

● 心理关键词：晕轮效应　抱负水准　自我宣传

印象受外表、地位、头衔左右

我们小时候就学过不能以貌取人，人的真正价值与外表无关。但是在现实中，外表的好坏直接影响到周围人的印象和自己的待遇。

比如，你所在的部门来了两位新人。一位西装笔挺，相貌堂堂，胡须刮得干干净净，发型打理得清清爽爽，和别人打招呼的时候充满朝气；另一位则穿得很邋遢，胡子拉碴，头发油腻，吐字也不清楚，总是弯腰驼背的样子。大家会对哪位新人抱有好感显而易见。不必看工作，前者凭借外表已经远远超过后者。

那如果发现后者"其实名校毕业，取得了很难考的资格或证照"的话，结果又会如何呢？印象应该扭转过来了吧？大家会觉得此人"真人不露相"。虽然可能完全不了解对方，但对他的评价却发生了一百八十度大转弯。

也就是说，我们会被别人的外表、地位、头衔等显著特征影响，根据印象对其做出评价。这称为"晕轮效应"（光圈效应）。

学历不高也有办法推销自己

那么，如果对自己的外貌、地位、头衔等没有自信时应该怎么办呢？

如果你有特别的兴趣爱好或者一技之长，不妨向大家展示一下。告诉别人你的兴趣是"骑马"的话，至少比"读书""看电影"更能引起对方的兴趣，也许对方还会觉得你家境很不错。想要获得关注的人可以借助晕轮效应，发展特别的兴趣爱好，可能会有不错的效果。

好的晕轮效应和不好的晕轮效应

晕轮效应有两种，获得好感的积极晕轮效应和给人留下不好印象的消极晕轮效应。

积极晕轮效应

● 仅凭名校毕业的光环就会让别人认为你很有才能。

● 大家会认为演员的孩子一定演技出色。

消极晕轮效应

● 就因为学历不高，即使工作能力很强，也得不到好评。

● 大家都认为驼背的人性格阴暗。

一流大学
他一定很能干。

不愧是演员的孩子。

高中毕业
你能行吗？

阴暗的家伙。

获得好印象的手段① ——请别人介绍自己

获得好印象的方法之一是请有声望的人或者能力强的人介绍自己。这些人已经享有很高的评价，因此大家会相信他介绍的人不会有问题，一开始就能获得好印象。对初次见面的人抱有戒心是人之常情，所以要请别人介绍，为自己的人品和能力担保。

但是另一方面，请德高望重的人介绍自己也会有问题，就是抱负水准 ① 会变得更高。即使你的工作表现达到平均水平，别人也会因为期望过高而失望，甚至产生不悦或厌恶的感情。而且还有可能质疑介绍人，对他产生不信任感。

获得好印象的手段② ——自我宣传

如果不能请别人介绍自己的话，就只能亲自宣传自己的实力和过去的成绩了。这种行为在心理学中称为自我宣传，在外资企业尤为常见。

但是，如果从日本人的习惯来说，称自己能力强很容易被人排斥。大家会抱着看好戏的心态，"既然你那么厉害就自己完成吧！"即使现在，日本人仍然以谦虚为美德，所以这样的自我宣传会产生负面影响。

日本人之间做生意采用欧美的沟通方式效果会不尽如人意，而应该采取日本人特有的沟通技能：认真倾听对方说什么，在合适的时候加入自己的想法和意见。

---

① 抱负水准：又称抱负水平，是指个体在追求成就或从事某项工作时，为自己设立的所要达到的成就目标。

自我推销是一把双刃剑

用介绍或自我宣传的方式推销自己时，方法要恰当。否则可能会适得其反。

既然是某某先生介绍的，那肯定没问题。

我在某某部门的时候取得了非常好的业绩。今后……

咦？
和想的根本不一样，工作能力不行啊！

哦？这家伙很厉害啊！

真是让人失望

让大家看看他的本事吧！

太自以为是了吧？

请声望高的人介绍自己时，周围的人对你的期望值也会变高。如果不能满足他们的要求，反而会让他们产生不悦，甚至厌恶。

如果自我宣传方式不恰当，很可能会被人认为是自恋、不谦虚，反而无法得到别人的信任。

对待同事 2：结交值得信赖的伙伴

● 心理关键词：称赞　道谢　感谢

用道谢代替致歉

每个人都愿意被人称赞，称赞别人可以博得对方的好感。赞美，在沟通中是重要的润滑剂。

但是，恰当地称赞对方其实并不容易。错误的赞美反而会导致人际关系恶化。就好像润滑剂如果使用不当，会让齿轮松脱。赞美也是一样，并非随便乱用就会有效果。

那么，是否有能够促进沟通顺利的万能表达呢？

就是"谢谢你"。经常说这句表达感谢之情的话，对方肯定不会不高兴。如果之前请别人帮忙时总是说"麻烦您，实在不好意思"，不妨换成"谢谢您，真是帮了我大忙"，让对方知道他帮了你大忙，你很感谢他，这样他就会心甘情愿地提供帮助。

这个道理适用于不同的立场。如果上司称赞你工作做得很不错，那么一定只顾着高兴了，哪里还会记得之前的小小委屈。如果下属对你提出的建议表示感谢，你也一定会觉得他这个人不错吧。而对方看到你很高兴，心态也会变得更积极正面。一句"谢谢你"，就会有如此神奇的作用。

用感谢之意建立正面的人际关系

近年来，心理学领域对"感谢"进行了积极研究。发现无论是表达谢意的人还是被感谢的人都可以消除压力。还有报告指出，经常表达感谢之意的人会更积极地看待问题，幸福感也能持续更久。工作离不开上司、下属、同事、客户，请多向他们表达感谢之意吧，我们自己也一定会收到回报。

"感谢"的功效

在难过、痛苦时，保持笑容非常重要。即使一开始只是强颜欢笑，但是当面部肌肉做出笑的动作时，大脑马上就会判断出你正在笑，情绪也会慢慢变得愉悦——从形式做起也很重要。

要特别注意道歉的用法

你交给我的工作完成了。

真是麻烦死了。

抱歉啊！

表达谢意，对方才会开心

你交给我的工作都完成了。

如果还需要帮忙只管和我说。

谢谢！真是帮了我大忙了。

不要顾虑太多，直接道谢一定没错。据说，如果经常向对方道谢的话，短时间内相互之间的关系就会有很大进展。

对待同事 3：通过人情债建立信赖关系

● 心理关键词：各取所需　负债心理

各取所需是建立信赖关系所需的

可以说同事之间保持各取所需的平衡关系才是最稳定的状态。如果这种平衡被打破，一方麻烦了另一方的话，又会是怎样的情况呢？给人添麻烦的一方会觉得自己亏欠对方，下意识地想要还清人情债。这称为"负债心理"。如果我们拜托欠我们人情的对象帮忙，对方很有可能会接受。

例如，你想拜托同事制作资料，可以提起上次帮助过他的事，让他这一次帮助你作为回报。提起他欠你的人情让对方产生负债心理，使其无法拒绝。

的确，这种拜托方式利用了对方的亏欠感。但是相比完全不欠人情或做人情，适度地做人情和欠人情更好。有数据证明，这样做双方之间的信赖关系会更稳定。所以我们可以将人情债视为一种沟通方法。

不易产生负债心理的案例

当我们看到有困难的人主动伸出援手时，对方是否会产生负债心理呢？

　　其实此时对方不会有太强的负债心理。得到帮助的一方会觉得自己很幸运，但不认为自己真的需要帮助。

　　新人与指导者之间的关系也是如此，新人不会有很明显的负债心理。前辈给他们再多的支持和帮助，他们都会觉得这是指导者应该做的。能力和年龄上差距太大的时候也是如此。我们一定要明白，当你自以为送了对方一个人情，对方可能未必有这种感觉。

想还清人情债的心态

人一旦欠下别人的人情债，就会下意识地想要偿还。掌握这种心理后，就知道对方什么时候容易接受自己的请求。

看来明天完不成了。　　　　　我来帮你吧。

欠了他一个人情。　　　　　　做了一个人情。

● 产生负债心理

好啊！　　　　　今天麻烦你帮我了。

这下人情债还清了。

● 双方各取所需

对待同事 4：女性员工较多的职场容易发生的问题

● 心理关键词：亲和欲望　共同的价值观　谣言

小团体中复杂的人际关系让人疲于应对

"想和别人在一起"的情感，在心理学中称为"亲和欲望"[①]。人类作为社会性动物都有亲和欲望，只是程度存在差异。一般来说，相比男性，女性的亲和欲望更强，而女性较多的职场容易发生的问题也多与亲和欲望有关。

通常来说，女性更希望建立小团体。女学生最关心的一件事情就是加入哪个团体。长此以往，工作后也保留着建立小团体的习惯。小规模或中等规模的职场，或者同龄人较多的职场，都特别重视团体内外的人际关系。

每个团体都有自己的规矩，破坏规矩会让关系紧张甚至恶化。笔者就曾听说过因为拒绝参加聚会而被全体成员抵制的事情。有人为了不被其他成员讨厌，只好委曲求全，努力扮演一个"好人"，最后自己却疲惫不堪。

---

① 亲和欲望：希望与别人在一起的愿望。例如"想谈恋爱""想交朋友"等感情，长子、独生子、社交性人格的人亲和欲望较强。

坚持初心亦可

如果感觉小团体的人际关系是一种负担的话，你也可以保持初心。表明自己的态度，与小团体保持合适的距离。这样做一开始也许会让人觉得不合群，但是久而久之，一旦人们认识到你的性格原本就是如此，也会接受这样的你。

职场本就是工作、挣钱、实现自我价值的地方。一些人只想着怎样处理好小团体的人际关系，工作本身反而成了次要的事情，这种现象是需要引起重视的。假如这种情况太过分的话，可以向上司反映，请他出面纠正。

什么样的性格角色受女性欢迎

有时扮演受同性欢迎的角色，在以女性为主的职场中会一帆风顺。

人气角色

<妹妹型>
● 擅长撒娇。受年长者和同龄人的喜欢。

<天然型>
● 性格古怪讨喜，做错事也不会让人讨厌。

<大姐型>
● 爽快干练，值得信赖。

< 我行我素型 >

- 没有协调性，自我意识过剩。

< 不肯表达意见型 >

- 没有自我主张，别人不知道她在想些什么，因而会感到不耐烦。

< 反复无常型 >

- 为人任性，经常折腾大家，让人反感。

我今天心情不好。

价值观

小团体形成之后，成员之间会趋向于形成相对统一的价值观。对一些女性来说，和别人的思维、价值观一致，会让人觉得安心。相反，与别人的价值观不同，也许会遭到冷遇。一些人无法忍受不同的价值观，会和价值观不同的人刻意保持距离。

我们可以通过日常沟通了解对方的想法，也让同事们对我们的价值观和伦理观有一个大概的认识，这也是一种信息交换。

价值观能让我们认识到谁值得信赖，谁不值得结交。通过信息交换，人们也能形成一个价值观一致的牢固团体。

女官的忧郁

如果一个职场中女性较多，一定会有受大家拥护的领袖。大家依附领袖建立小团体，领袖的身边还会有参谋。如果是在大公司里还会存在敌对的团体，敌对的团体中也会有领袖和参谋。

"女官"① 一词会给人一种不好的感觉，但如果换个角度看的话，就会发现这些人精明强干，又很愿意照顾后辈。要在职场中领导女员工，发挥领导力，有时候难免会得罪人。这种人如果是男性的话，人们会觉得他很可靠，而如果是女性就容易让人觉得可怕。

其实女官可能也害怕年轻员工，所以会在受到攻击之前主动出击。她可能只是为了自保才支配团体。

如果您所在的职场中也有女官的话，遇到问题试着主动找她商量吧。领袖在被下属依赖时会感觉到自己的存在价值，认为自己受到信赖，就会亲切地回应。

而男性员工一般不会留意女性员工之间的争执，或者说虽然看到了，但是觉得很麻烦而选择视而不见。在女性较多的职场中，只有维持好女性员工的人际关系，才能让她们发挥出工作能力并提高工作效率。因此男性上司如果发现女性员工之间的问题，或者有人反映相关的问题，一定要妥善地做出处理，不要视若无睹。

---

① 女官：资历老、对女性员工有影响力的女性。原本是对日本皇宫中拥有私人房间的女官的尊称。在江户时代则指将军家和大名家拥有个人房间的侍女。

在职场中
不受欢迎的女性类型

商务杂志《主席》(*President*)曾经出过《职场超深层心理学》的特辑，其中列举了下列几个"不受同性欢迎的女性"的特征：

· 无法面对失败的女性

· 无能却骄傲自大的女性

· 工作和反应迟钝的女性

· 自我主张过强的女性

· 情绪波动较大的女性

报道中也披露 59.0% 的职场女性都有讨厌（或头疼）的女性同事。

通常来看，不受同性欢迎的女性主要有"自尊心强、拒不承认错误""名利心强""把私事看得比公事重要""自卑"等特点。

对待同事 5：人际关系恶化怎么办

● 心理关键词：偏误　和解　对话　妥协

往坏的方向思考

　　人际关系出现问题时一定要尽早解决，否则事态一旦恶化会很难修复。同事每天都要见面，如果关系尴尬对于双方来说都是很大的压力，可能会给工作带来不良影响。

　　这种情况下，我们容易用偏误①的负面眼光去看对方，觉得对方的每个言行都有恶意。例如，当对方与上司长谈，那么就会怀疑他在说你的坏话。渐渐失去冷静的判断力。

　　那么，如何做才能尽快与对方和解呢？同事之间发生争执时，争执的种类很多，而和好的办法也有很多。我们从重归于好需要满足哪些要素开始介绍。

　　是妥协，还是承认彼此的独立性？

　　重归于好基本上都需要经过"道歉""原谅""和解"这几个阶段。但人际关系恶化时，最困难的就是迈出第一步"道歉"。真诚地道歉是非常困难的，也许是因为关系已经恶化，根本没有心思考虑对方的感受。

----

　　①　偏误：偏颇、别扭的意思。引申为先入为主和偏见的意思。如果以偏误的眼光去看问题，就无法做出正确的判断。

如果不互相理解，就无法诚心道歉和原谅对方。

也就是说，"对话"是必需的要素。对话是指认真倾听对方的想法，并充分表达自己的意见。如果对话进展不顺，双方只能勉强找出一个妥协点往和解的方向努力，这样反而可能使争执进一步恶化。

如果双方能够充分对话，就可以真诚接受彼此的不同。也就是说，不要勉强制造共同点，而是要相互承认各自的独立性，找出全新的解决方法。这时候不要害怕加深对立或者把彼此间的不同拿到明面上，双方要冷静地探讨为什么会出现不愉快。重要的是要相互尊重、相互理解，在此基础上进行对话。

最糟糕的做法就是把前因后果和不满情绪写在邮件上。这样会留下不好的记录，还有可能被转发给第三个人。而且如果被上司知道的话还会让问题更加严重。为防止此类情况发生，尽可能地让当事人面对面解决。

⊙ 职场 Topics

日本的传统和解方法
—— 村落集会

据说聚会产生于镰仓时代。伴随村落共同体的逐渐发展，村民们会聚集在一起交谈。这也是大家用来和解的场合。

有问题发生时，村长会充当倾听者让双方对话。有时集会持续数日，大家坐在一起交换意见。谈久了，对立的意见混在一起，产生灰色地带，人们会接受这样的结果。当倾诉的欲望得到满足后，即使自己的意见没有完全被接纳，也不会存有太大的不满。可以说是典型的日本式和解方法。

对待上司1: 如何与不喜欢的上司相处?

● 心理关键词: 厌恶的报复性　相似性原则　心理需求

情绪是可以控制的

也许我们可以选择下属, 但是却无法选择上司。正好遇到合得来的上司自然非常幸运, 但是如果遇到合不来的上司就惨了……认真工作却得不到赞赏, 做事没有干劲, 上班成了很痛苦的事。

如果想要避免这样的情况发生, 最明智的做法就是控制好自己的情绪, 学习怎样与不喜欢的上司相处。

那么, 具体应该怎样做呢?

如果是"本能地不喜欢对方"的情况暂且不讨论, 如果你只是觉得不喜欢这个上司的话, 让我们先把这种反感放到一边。因为如果我们心里有这种想法的话, 无论如何掩饰, 对方也一定会察觉到。对方也会对你产生同样的感觉。这就是厌恶的报复性①。因此要马上控制, 不要让内心的反感持续发酵, 避免陷入恶性循环。"反感"很难一下子变成"好感", 但只要变成两者之外的"中立"即可, 这样已经足够有效。

---

① 厌恶的报复性: 人们会对讨厌自己或者对自己评价不佳的人会产生厌恶感。相反的心理状态为好感的回报性。

寻找两个人的共同点

然后，仔细观察上司的性格和行为，寻找双方的共同点。毕业于同一所学校，或者兴趣爱好相同的话再好不过了。如果没有的话，喜欢吃什么、爱听什么类型的音乐也可以。

如果完全没有共同点的话，那么你尝试一下他的爱好也是一种方法。如果上司喜欢钓鱼，你也不妨尝试一下，也许会发现确实很有趣。

人们会对与自己相似的对象抱有亲近感，心理学中称为"相似性原则"。上面的做法正是利用了这种心理。

然后利用自我表露等技巧，和上司搞好关系。

从相识到亲密的过程

让人与人之间的关系变得亲密的因素有很多，但从相识到亲密，一般会经历下面的过程。大家可以回想一下学校和职场中的人际关系，应该就会认同吧！

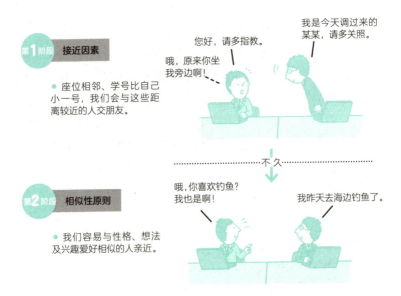

怎样赞扬会让对方感到愉悦

赞扬也有高下之分。好的赞扬需要想象力和观察力。请大家换位思考一下怎样赞扬才能博得对方的欢心呢？

赞扬要具体

● 不要只说"真厉害"，要通过具体事例赞扬。

您工作效率总是这么高，我真佩服啊。

不要夸大其词

● 太夸张的赞扬会被人认为是单纯的拍马屁。

部长以后肯定能当上社长！

赞扬对方希望自己赞扬的地方

● 观察对方注重和在意之处赞扬。

课长做的 PPT 很有品位。

啊，真的吗？

选择适当的时机

● 过一段时间再赞扬的话，对方会为自己还记得而感到高兴。

说起来，您那时的发言非常精彩啊！

你还记得啊！

间接赞扬

● 相比本人直接赞扬，通过第三者进行赞扬有更大影响，这种心理效果就是温莎效应。

和您一起工作学到了很多东西，受益匪浅。

A 之前说……

啊，是吗！

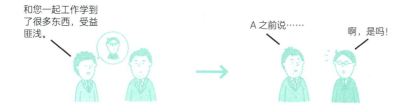

满足对方心理需求的称赞方法

被称赞的时候没有人会不高兴。但是，做到称赞得体并不容易。

与上司和同事在一起工作，要学会欣赏人家的优点和长处，少挑人家的毛病和短处。取人之长，补人之短，是人际关系和谐的必经之路。当日，以适当的语气和方式对上司和同事表示称赞，也有利于双方的感情，让关系更亲密。但凡事有度，切不可毫无原则地"投其所好"或"看人下菜碟"。

但是说到底，职场是工作的地方，不能一味琢磨怎样搞好人际关系。如果没有完成应该完成的工作，整天就知道溜须拍马的话，不仅上司看不惯，给同事的印象也会变差。

对待上司 2：向上司提出反对意见时的技巧

● 心理关键词：同感效证　温和的自我主张

先肯定对方，再提出反对意见

在会议上，不表达任何意见的人和提出反对意见的人，你认为谁的评价比较好呢？有些上司宁可下属提出反对意见，也不希望他们干坐着一声不吭。但是说实话，即使上司明白反对意见的重要性，但被反驳还是会感到不快。

提出反对意见并不是为了争论，而是要和对方探讨问题，找到更好的解决对策，这才是重点。所以大家首先要肯定对方的意见，然后再阐述自己的见解。我们可以站在从上司的角度设想，如果自己的意见得到下属的认同，是不是也会愿意听取下属的意见？比如可以说："从现状来看，我认为部长的想法是最妥当的。如果再有补充的话……"这样既顾及了对方面子又提出了自己的意见。

或者也可以先说出自己的想法，再请上司提出建议，这种方式也很有效。在对方阐述意见的时候点头称是，对方就不会觉得你是在和他作对。

"现在那种观念已经过时了""你根本不了解情况"——这样攻击对方意见的做法不可取。人在受到攻击时，会做出愤怒的反应进行自我防御，反过来说你什么都不懂，还狂妄自大。

人多力量大

在会议之前可以做些准备工作，比如找到与自己意见相同的人坐在一起。从社会心理学角度来说，人们习惯寻求与他人的共识和一致，以证明自己的意见正确（同感效证[①]）。找一些与你意见相同的人坐在一起，大家就会觉得你的意见可靠。如果能形成多数派，发言的力度也会加强。

何谓温和的自我主张？

温和的自我主张是一种沟通技巧，该技巧由心理疗法而来，用于治疗不善于表达自我主张的人。这种方法是在尊重双方感情的前提下，表达自己的主张，因此被称为"温和的自我主张"。

攻击型 aggressive

- 以自我为中心，不考虑他人的感受

  也包括以温和但不容商量的口吻拜托对方做事。

非主张型 non-assertiveness

- 抹杀自我、以他人为中心的方式

  一直压抑自我，不满会越来越严重，甚至发展为憎恨。

主张型 assertiveness

- 尊重自己和他人的方法

  表达自己的心情和想法，同时也考虑对方的感受。互相理解、寻找折中的办法。

① 同感效证：当我们知道有人赞成自己或者与自己意见相同时，就会认为自己的想法是正确的。

对待上司 3：年长下属、年轻上司的心理

● 心理关键词：能力至上主义　论资排辈　自尊心
　　　　　　　角色期待

年轻上司越来越常见

我们在进入社会工作后，会接触到不同年龄段的人。现在很多企业已经放弃了终身雇佣、论资排辈制度，开始推崇能力至上主义，年轻人成为上司已经不是新鲜事。

根据 2005 年日本经济新闻社的问卷调查，针对"是否抵触在比自己有能力的年轻上司手下工作"这一问题，有 75% 的人表示"不会抵触"。由此可见年轻上司已经十分普遍。

同时该调查中也有 25% 的人表示不愿意和年轻上司共事。此外，如果年轻上司确实比自己有能力的话没有问题，否则无法接受。尤其对那些靠溜须拍马上位的年轻上司，也不比下属优秀，下属就更有意见了。

年长下属也有自尊心

对于意外遇到年轻上司的下属，他们总觉得自己的年龄、经验和知识都超过年轻上司。他们在公司工作多年，职场经验比年轻

员工更丰富，觉得自己劳苦功高也不足为奇。

这些年长下属其实也明白，提拔年轻上司是公司奉行的方针，无法改变。但是自尊心还是让他们难以接受年轻上司的指示和命令，因而会产生很多麻烦。例如，表现出斗争心，担心被年轻上司看不起，甚至做错事被上司提醒时拒不认错，甚至倚老卖老。

从另一方面来说，年长下属犯错时，年轻上司也很难处理。站在上司的立场上来说不得不批评，但是又要注意不能伤害年长下属的自尊心。

年轻上司和年长下属的心理

年轻上司和年长下属各自有着复杂的心境。

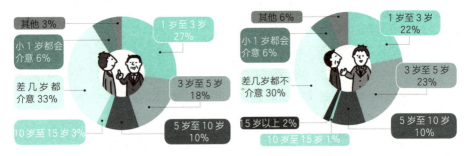

年长下属的立场

与直属年轻上司相差几岁不会觉得别扭？

- 其他 3%
- 小 1 岁都会介意 6%
- 差几岁都介意 33%
- 10 岁至 15 岁 3%
- 1 岁至 3 岁 27%
- 3 岁至 5 岁 18%
- 5 岁至 10 岁 10%

年轻上司的立场

与直属年长下属相差几岁不会觉得别扭？

- 其他 6%
- 小 1 岁都会介意 6%
- 差几岁都不介意 30%
- 15 岁以上 2%
- 10 岁至 15 岁 1%
- 1 岁至 3 岁 22%
- 3 岁至 5 岁 23%
- 5 岁至 10 岁 10%

年轻上司 or 年长下属，更不喜欢哪一个？

- 不喜欢年轻上司（A） 34%
- 不喜欢年长下属（B） 44%
- 都不喜欢，其他（C） 22%

※Tech 总研调查

没有实力的年轻上司也是一大问题

有些年轻上司能力平平，却因为善于左右逢源而获得提拔，他们有时会对年长下属颐指气使，以达到虚张声势的目的。甚至有人会抢走年长下属的功劳，失误时又让他们背黑锅。年长下属遇到这种情况会产生反抗心理和无力感，不想再为了这种上司努力工作。

认清彼此的职责

由于现在能力至上主义盛行，年轻上司、年长下属的情况很常见，对沟通能力就会要求更高。想要防止出现前面提到的问题，应该采取哪些方法呢？

最重要的是认清彼此的"立场"和"角色"。在上司与下属的相互关系中，每个角色都有必须要背负的期待，这称为"角色期待"①。上司和下属都要明白，自己应该做出符合期待的行为（角色行为）。

例如，年轻上司应该尊重善于待人接物的年长下属，把与其他公司沟通的工作交给他，而年长下属则不应该质疑年轻上司的管理职责。也就是说，双方之间不要比谁更厉害，而是要时刻记得最终成果才是彼此应该共同追求的目标。

所以应该营造一个双方能够推心置腹沟通的环境，例如下班后饮茶谈交心。

---

① 角色期待：相互关系中，每个人都要背负符合自己角色的期待。例如上司的角色、下属的角色、父母的角色等，做出符合期待的行为就是角色行为。

让人犯难的说话语气

年轻上司与年长上司说话的语气很不好把握。有的年轻上司对此比较注意，无论下属比自己年长还是年轻，都会客客气气。但并非所有上司都如此贴心。有的年轻上司说话语气随便，很多年长下属对此感到不快。

相反，也有下属仗着自己年长而对年轻上司没大没小。尤其是比上司资历老的下属，这种倾向会更明显。

从组织整体来看，这样容易造成上下级关系紧张。经过比较我们会发现，在上司与下属的关系中，日本式的论资排辈制度可以减少工作中的摩擦。

语气是否要客气有礼？

在年轻上司、年长下属的关系中，很多人会烦恼说话语气是否应该客气一点。

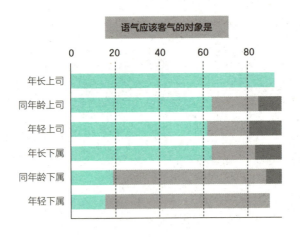

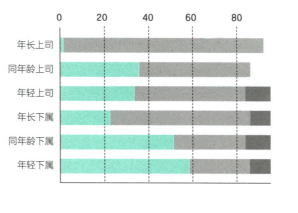

对谁语气客气会感觉别扭？

别扭　　不别扭　　说不好

※2006 年研究银行调查

┃ "为什么办公室恋情很常见？" ┃

在职场，同事们每天都会见面，这也就成了男女们最方便邂逅的场所。
正因如此，发生办公室恋情也就不足为奇了。

夫妻相识的契机是什么？

根据 2010 年的调查，在夫妻相识的契机中，"职场和工作"排第二位，占 29.3%，与第一位仅有 0.4% 的差距。而在 1982 年，"职场和工作"的占比为 25.3%，高居榜首。这也说明办公室恋情有很大机会修成正果。

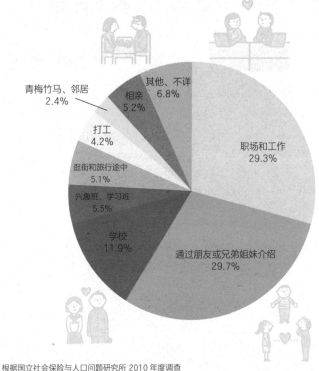

青梅竹马、邻居
2.4%

相亲
5.2%

其他、不详
6.8%

打工
4.2%

职场和工作
29.3%

逛街和旅行途中
5.1%

兴趣班、学习班
5.5%

学校
11.9%

通过朋友或兄弟姐妹介绍
29.7%

根据国立社会保险与人口问题研究所 2010 年度调查
（以过去 5 年中结婚的初婚夫妇为调查对象）

从心理学的角度也可以解释为什么办公室恋情这样普遍。换言之，职场是比较容易培养感情的环境。

从社交距离到亲密距离

据说，当私人空间缩短到亲密距离就是恋人之间的距离了。在职场中，有机会从社交性的社交距离缩短到亲密距离。

1 社交距离（120 ~ 360cm）

2 个人距离（45 ~ 120cm）

我可以坐在这里吗？

啊，请坐。

3 亲密距离（45cm 以内）

最好这样做哦。

有纯粹接触效应

美国心理学家扎伊翁茨提出，增加接触可以提升对方对自己的好感度和印象。这就是纯粹接触效应。与熟悉定律也有关系。

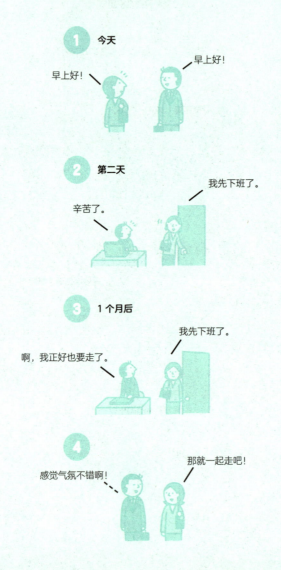

利用善意的自尊理论

该理论认为，在对方失去信心时向他表示出善意，对方会觉得你很有魅力。也就是说，当一个人自我评价降低的时候温柔地鼓励他，很有可能博得他的好感。

自尊需求得到满足

在被他人称赞时，人的自我评价和自尊心都会提高。这种希望得到高度评价的需求就是自尊需求。在职场中，巧妙地称赞对方，可以满足对方的自尊需求而博得好感。

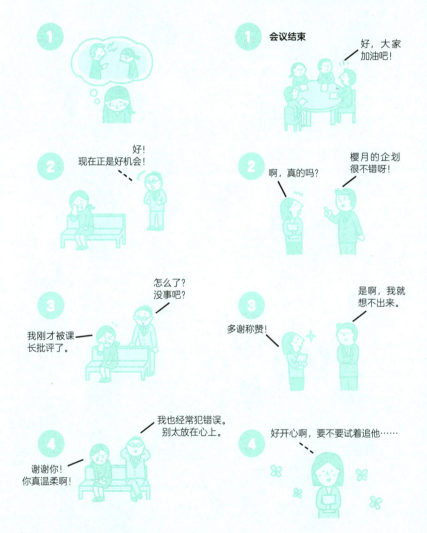

共有紧张感的错误归因

　　和异性在一起时如果感到紧张或者兴奋，我们可能会把这种心跳加速的感觉误认为心动的感觉。这种误解称为"错误归因"。根据加拿大心理学家达顿和阿瑟·阿伦的实验，这也被称为"吊桥效应"。

认知失调理论

　　美国心理学家费斯廷格把试图消除内心矛盾的心理作用命名为"认知失调理论"。比如在工作中帮助了某个人，就觉得是因为自己对他有好感，这种说服自己的心理作用就是认知失调理论。

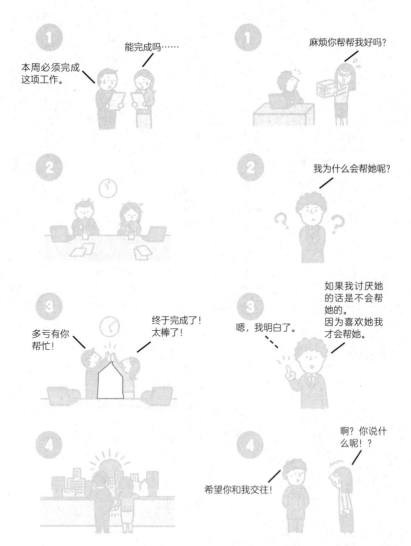

建立人际关系 1：人际关系始于第一印象

● 心理关键词：第一印象　梅拉宾法则　7-38-55法则

第一印象会影响之后的关系

大家常说第一印象至关重要，我们都希望给周围的人留下好印象，会时刻注意让自己保持仪容得体，笑容亲切。第一印象是非常重要的，因为会在别人的心里形成基模①（schema）。简单来说，基模就是"我们对某个人的既定印象"。

举例来说，如果一个人给别人的第一印象是"工作能力强，人很聪明"，当他工作失误时别人一定会感到意外，原来聪明人也会犯错误，也许还会对他产生亲切感，觉得他很接地气。

反之，如果一个人给人的印象是"轻浮，没有责任心"，他出现同样的失误时别人会觉得果然不出所料，可能会对他更厌恶。

也就是说，我们在看待别人的时候会很大程度上受到第一印象的影响。如果一个人给别人的第一印象不好，在之后的交往中别人总会戴着有色眼镜看他，给各方面带来负面的影响。

当然，第一印象也是可以改变的，只是需要相当长的时间。所以如果想在新职场或者新部门建立良好的人际关系，最好的方法就是给人留下良好的第一印象。

――――――――――――

① 基模：原本指图、图表和计划。心理学中的基模指无意识中形成的观点和想法。

人们会根据第一印象评价别人

第一印象在双方见面的一刻就会形成，影响却会持续相当长的时间，这样说的话大家应该知道第一印象的重要性了吧。

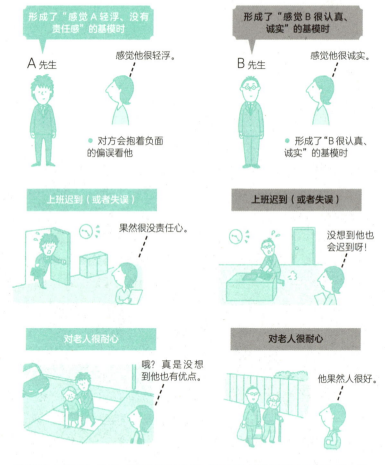

即使两个人做同样一件事，如果他们给人的第一印象不同，得到的评价也会不一样。想要改变第一印象是非常困难的。但是像 A 这样展示自己的优点，有时还是可以改变第一印象的。

第一印象和梅拉宾法则

第一印象其实就是外观的印象。美国心理学家阿尔伯特·梅拉宾提出，"当感情和态度产生矛盾的信息时，人们会优先接收视觉信息"。也就是说，外观（视觉信息）是非常重要的判断因素。这就是梅拉宾法则。

根据梅拉宾法则，我们接受别人的时候有四道屏障。第一道屏障是外观、服装、表情，第二道屏障是态度、姿势、动作，第三道屏障是声音的大小、抑扬顿挫、语速，第四道屏障是谈话的内容。

这一理论的依据是 7-38-55 规则（3V 法则）。梅拉宾主要研究了当感情或者态度产生矛盾的信息时，我们的行为会给他人带来怎样的影响。结果发现，我们判断好意的基准所占比重如下：语言信息（Verbal）占 7%、语调和语速（Vocal）占 38%、表情等视觉信息（外观 =Visual）占 55%。

第一印象的形成需要多长时间呢？

我们遇到一个人之后多长时间会形成第一印象呢？一个以大学生为对象的实验证明，短短 5 秒钟就可以在某种程度上对一个人的负面情绪、外向性、内向性、良知和智力做出判断，超过 1 分钟后这些印象的正确性会提高。

特别是我们对于一个人是外向还是内向的判断，据说第一次见面时做出的判断在两人熟识以后也不会有太大变化。而对于协调性、良知和情绪稳定性等的印象，可能会发生和第一印象矛盾的情况而有所改变。

梅拉宾法则和 7-38-55 规则

心理学家梅拉宾研究了当人的感情或态度产生矛盾的信息时人们是如何看待的，提出了梅拉宾法则和 7-38-55 规则。

梅拉宾法则

我们在接受陌生人之前要跨越四大屏障。

第一道屏障	第二道屏障	第三道屏障	第四道屏障
● 外观 ● 服装 ● 表情	● 态度 ● 姿势 ● 动作	● 音量 ● 抑扬顿挫 ● 语速	● 谈话内容

7-38-55 法则

我们对一个人产生好感时，哪些因素的影响比较大呢？
梅拉宾法则根据该实验得出了梅拉宾法则：

话题内容 语言信息 ▇ 7%

语气和语速 听觉信息 ▇▇▇▇ 38%

表情等 视觉信息 ▇▇▇▇▇▇▇ 55%

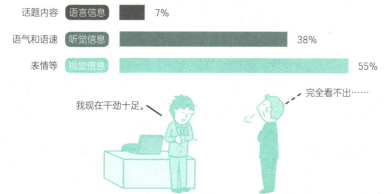

我现在干劲十足。

完全看不出……

建立人际关系2：如何在职场中成为一个受欢迎的人

● 心理关键词：自尊需求　纯粹接触效应　接近因素
　　　　　　　博萨德法则

"好感"是如何产生的

每个人都希望自己讨人喜欢，没有人希望自己被人讨厌。在职场中受欢迎的人，与人沟通会如鱼得水。

"好感""反感"这些感情是如何产生的？心理学中对原因进行了归纳：

1. 他人因素

这是对方特别有魅力的情况。如果对方外表出众，魅力十足，别人很容易对其产生好感。另外人们也容易对性格温柔的人产生好感。

2. 自我因素

自身的状态和性格有时也会决定你是否会对对方产生好感。比方说有些人我们平时注意不到，但如果他在我们情绪低落的时候温柔相待，我们也会对他产生好感（自尊需求）。

3. 相互因素

我们会对思维方式、喜好相近的人产生好感（相似性原则）。

相反，如果对方具备我们没有的特质，我们也会觉得对方有魅力（互补性原则）。我们对给予自己利益的人也会抱有好感。

4. 相互作用因素

有时两个人之间的相互作用也会产生好感。例如，如果经常见面，两个人之间很容易互生好感（纯粹接触效应）。我们对于愿意称赞自己的人也会更有好感。顺便提一下，利用这种心理刻意称赞对方以博取对方好感的做法就是迎合。

5. 环境因素

物理性、地理性环境也是决定好感的重要因素。例如，座位挨着的两个人交流起来很方便，更容易产生好感（接近因素）。相反，在嘈杂、闷热或者寒冷的地方很难让人产生好感。

那么想在职场中受欢迎应该怎样做呢？想必大家已经知道了吧！

提升好感度的心理学法则

清楚了好感是如何产生的，自然就知道了应该怎样提升好感度。

晕轮效应	● 如果一个人外表出众或者履历出色，人们的评价很容易受此影响。也就是说拥有身体魅力的人容易获得更高的评价。
自尊需求	● 得到别人赞美的时候，人的自我评价和自尊心都会提高。受到称赞的人会开心。
相似性原则	● 兴趣或想法相近的人更容易建立亲密关系。
纯粹接触效应	● 和对方多接触会提升对方的好感度或印象。

| 迎合 | ● 为了获取对方的好感而采取的言行，包括客套话、自谦、亲切和认同等类型。 |

| 好感的回报性 | ● 我们会对向自己示好的人抱有好感。 |

| 接近因素 | ● 距离近的人之间容易培养感情。博萨德法则说的正是这一点。 |

| "午餐会"沟通法 | ● 一起吃饭可以让沟通更深入。 |

怎样就座可以缩短心理距离

　　我们会对别人产生好感的一个因素，和环境因素中提到的接近因素类似。美国心理学家博萨德发现的法则（博萨德法则）指出，"人与人之间的物理距离和心理距离是成正比的"。简单来说，就是人们会靠近自己喜欢的或者感兴趣的事物，远离自己讨厌的或不感兴趣的事物。我们可以利用这种心理提升好感度，就是通过缩短物理距离来缩短双方之间的心理距离[①]。

　　在采用开放式的办公室（共用座位的办公风格），可以自由选择自己的位置，和想接近的人坐得近一些。这样就增加了和他碰面的机会，发挥纯粹接触效应。吸烟区和休息区的设置也是同样的原理。

---

　　① 心理距离：相对于物理距离而言。用来表示两人之间的关系远近。心理距离近＝亲密，心理距离远＝疏远。

一对一交谈时，就座的方向也很重要

一对一交谈的时候应该怎样挑选座位呢？面对面坐的话会让人感觉很紧张，所以最好避免。最佳的位置是两人围着桌角比邻而坐，并肩而坐也会产生伙伴意识。但如果靠得太近的话就侵入了对方的私人空间，可能会引起他的不快。当你希望接近对方增加亲密感，而对方却不动声色地离开座位，那就代表你们心理上还有隔阂。

想受别人欢迎，自己要先敞开心扉

除了介绍表面上的个人信息，也要坦诚地透露自己的性格、想法、烦恼和身体特征等弱点，这也是一种自我表露。例如，在员工的迎新会上有人这样介绍自己："我叫×××，今年32岁，在开发部工作。我这个人不擅交际，总要很长时间才能和别人混熟……今后请大家多多关照！我的爱好是钓鱼。现在的烦恼，就是头发越来越少了……"这样的自我介绍既介绍了表面的情况又坦诚地展示了自己的内心，大家一定很容易对他做出较高评价。

这样的自我表露不但可以提升好感度，同时可以促使对方进行自我介绍（自我表露的相互性）。也就是说，如果希望和别人搞好关系，一定要自己先敞开心扉，这样做会事半功倍。

自我表露的层级和亲密程度

心理学家阿特曼提出，自我表露会从简单的自我介绍开始，随着关系越来越亲密，发展到深入的自我表露。也就是说，自我表露的程度和亲密程度是成正比的。

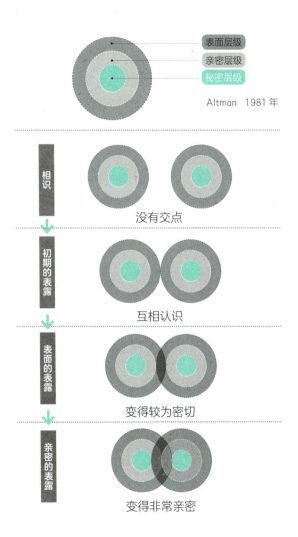

表面层级
亲密层级
秘密层级

Altman 1981 年

相识
没有交点

初期的表露
互相认识

表面的表露
变得较为密切

亲密的表露
变得非常亲密

建立人际关系3：怎样喜欢上自己讨厌的人

● 心理关键词：框架　偏误　重组框架

戴着有色眼镜看人，会越看越讨厌

如果我们对一个人有良好的第一印象，就只能看到他好的一面证明我们的"好感"是正确的，越来越喜欢他。相反，如果对一个人的第一印象不好，就只能看到他不好的一面证明我们的"反感"是正确的，并且越来越讨厌他。这是人之常情。也就是说，我们喜欢一个人就很难看到他身上的缺点，而讨厌一个人就很难发现他身上的优点。

像这样，通过自己的过滤机制看待人和事物称为"框架"。一旦框架形成，我们就会只收集符合框架的信息，而对不符合框架的信息视而不见。

通过独特的设置的过滤机制看人，也就是戴着有色眼镜看人。这在心理学中称为偏见、偏差、成见。

重组框架，缓解"厌恶"的感觉

我们要提醒自己，讨厌的人身上也有优点，并思考怎样才能让自己喜欢上对方。否则，负面偏见会越来越严重，陷入恶性循环。

所以要先扔掉有色眼镜，寻找讨厌的对象身上有哪些优点。

也就是更换既定的框架（改变视角），这种做法称为"框架重构"①。

来看一个例子。比如有一个上司无论大事小事都要喋喋不休，每次下属都会很紧张，觉得他总是这样，让人忍无可忍……但是如果可以改变这种想法（重组框架），换个角度考虑，就会觉得正是因为他事无巨细都考虑周全，才避免了很多麻烦。

也就是说，转变想法，把喋喋不休的提醒（让人不愉快的坏事）转变为"避免了很多麻烦"的好事。这样一来就会慢慢减轻对上司的厌恶，对他的印象自然也会改观。

如何喜欢上讨厌的人

只要改变一下自己的看法，对对方的印象就会改观，也许还会有点喜欢他。重组框架，有助于改善沟通的效果。

重组框架的练习

1 找出不满的地方

同事 A 干活很慢，你对于他这个缺点深感不满。

你也太慢了，能不能快点！

2 考虑其他状况

他考虑问题很仔细，所以才花了这么多时间吧！

所以他很少出错。

---

① 框架重构：更换框架、改变观点。目的不在于解决问题，而是为了寻找解决问题的突破口。

3 重组框架

说出意见和不满，再说
出考虑到的其他情况，
新框架代替了旧框架。

他干活很慢！

但是他很少出错！

4 印象改观

对于 A 的印象改观。

他是一个值得信赖的人！

建立人际关系 4: 不要找借口或推卸责任

● 心理关键词: 防卫机制　归因理论　自我设限

总找借口的人不够坦率

所谓的借口, 就是在自己犯错时逃避责任的语言。或者有时虽然也承认自己有责任, 但强调另有原因。借口会让别人产生"狡辩""强词夺理"的感觉。也就是说, 总为自己找借口的人会让别人觉得这个人不够坦率。

借口, 分为主张责任不在自己而在别人或其他事物的推卸责任型和保护自己的防卫机制型。从广义上来说, 推卸责任型的借口也是为了保护自己, 但在这里还是把两者分开说明。

推卸责任属于外部归因型

在心理学中借口的类型是根据归咎的方向来分类, 这就是归因理论①。例如, 如果归咎于其他人或者周围环境就是外部归因型, 而从自身寻找原因就是内部归因型。

---

① 归因理论: 人们在认识事物的时候探求原因 (原因归属) 的理论。归因就是了解导致某个现象 (结果) 的原因的固有属性的过程。

外部归因型的人在失败或者犯错误时，会认为原因在于周围的人、组织或者制度上，自身是没有责任的。"都怪上司没有说清楚""怪他没早点告诉我，要不早就做完了"等，总之就是把失败怪罪于其他人身上。

而内部归因型的人则把失败的原因归咎于自己的性格或者态度。如果做同一项工作失败，他们会觉得是因为"我自己没理解清楚""我没有安排好时间"等。

大家觉得哪一种的态度更坦率呢？很明显是后者。内部归因型坦然承认责任在自己，不找借口。因此，上司和同事不会追究他们的错误，反而还会给予鼓励。而且会觉得"他真是一个爽快人"，对他的好感度直线上升。

而对于外部归因型的人，人们会反感甚至愤怒他们推卸责任的态度，甚至再也不会把重要的工作交给他。

外部归因型和内部归因型

根据归因理论，归因分为外部归因型和内部归因型。

外部归因型的说法

- 错误和失败的原因在于其他人、组织、制度，与自己无关。

都怪他没有说清楚。

不能再把工作交给他了。

- 会引起周围人的不快，导致别人对他的评价降低。

内部归因型的说法

● 认为错误、失败是由于自己的态度、性格、做法或能力的问题。

是我自己的能力不够。

下次帮帮她吧!

这个人很坦率!

● 别人对他的评价提高，不会被苛责。

哪种类型的人在社会上更吃香呢？也许应该说是善于推卸责任的外部归因型，他们更善于钻营。但是日久见人心，总有一天外部归因型的画皮会剥落，大家对他的评价也会降低。

下意识说出口的防卫机制型的借口

精神分析的创始人西格蒙德·弗洛伊德把下意识采取的保护自己免受挫折[①]影响、以自我防卫为目的的应对措施命名为"防卫机制"。简单说就是保护自己的言行。可以说借口也是一种防卫机制。

我们把借口分成两个目的来思考一下。

---

① 挫折：因为某种阻碍导致愿望无法得到满足的状态，以及在这种状态下产生的不安和不满。在这样的状态下依然能够根据过去的经验采取恰当的应对措施的能力称为"挫折耐受力"。

1. 合理化

寻找合适的理由让自己的言行看起来正当化。有一个非常有名的例子就是"酸葡萄理论"。比如同事的企划案获得了大家的一致好评，其实有些人心里羡慕但是嘴上却不承认，硬要装出一副不在乎的样子。

2. 压抑

知道了自己的缺点和错误，但是却回避问题，装作视而不见。也就是压抑自己的真正想法。其实自己很清楚，之所以会犯错误是因为自己的能力欠缺，但是嘴上却不承认，硬说是因为时运不济。

自我设限型的借口

还有一种做法，就是先强调存在不利条件以在失败的时候为自己辩解（自我设限①）。这是强调存在不利因素，模糊问题的焦点。例如"我年轻没有经验""最近我身体不太好"等，事先打预防针。使用这样的借口为自己开脱的人一般来说都是自尊心强的人。

要学会如何高明地为自己开脱

前面说过，爱找借口的人会让人感觉不够坦率、爱狡辩。而逻辑清晰、有理有据地为自己开脱，却称得上是高明的做法。不要

---

① 自我设限：想做一件事却没有自信的时候，故意设置过高目标、不利条件加大成功的难度，以达到为自己辩护的目的。

找一些幼稚的理由或者容易穿帮的借口，而听起来自然不刻意、不像借口的高超开脱话术，可以说是沟通的窍门。

防卫机制型的借口

防卫机制型的借口，是为了自我防卫下意识采取的，主要有两种类型。

- 找冠冕堂皇的理由为自己开脱。

他就是嘴硬。

这个企划不重要，我根本没下功夫，下次我就要拿出真本事了。

- 明知道自己的错误出在哪里，却视而不见回避问题。

老老实实承认自己的错误吧！

都怪我运气不好。

建立人际关系 5：自恋狂让人讨厌

● 心理关键词：自恋狂　自我型人格障碍　自尊感情

自恋狂让人避之不及

各位所在的职场中应该也有人被同事和上司称为自恋狂①吧！

自恋狂就是表现出自恋型人格障碍的人，一般来说就是非常喜欢自己的人。这样的人一般都会让别人反感。

自恋狂潜意识中认为自己非常重要、很特别。而且会否定真正的自己，宠爱妄想中的自己。据说这个类型的自恋狂中以男性居多。

自恋狂经常会自吹自擂。明明没人想听他们的丰功伟绩，他们却一定要大声嚷嚷，生怕有谁听不到，"那点活居然花了 1 个小时？如果是我的话 5 分钟就搞定了""前段时间获奖的 ××，我们关系可不一般，经常一起喝酒"。他们总是希望得到别人的称赞，希望别人认可自己是一个有价值的人，这称为"自尊感情"。

但是自恋狂不擅长揣测别人的心思，无法看穿周围人的心态。

如果你读到这里觉得自己有自恋倾向的话，不妨试着冷静观察一下同事的反应，看看你说话的时候他们是不是心不在焉，或者

---

① 自恋狂：自恋狂的英文 Narcissist 源于希腊神话中的美少年纳西瑟斯（Narcissus）的故事。他被自己映在水中的倒影深深迷住，不再喜欢其他任何人。

勉强附和。如果发现没有可以信赖的朋友，就要尝试改变自己，学习为人处世谦虚一些了。

自恋狂有哪些特征

自恋狂非常迷恋自己。他总是希望得到所有人的认可和表扬。来看一下自恋狂有哪些类型。

吹嘘自己非常重要

多亏有我这个部门才能重振！

坚信自己很特别

你们根本没有认识到我是多么有才能。

希望得到大家的称赞

真了不起啊！　哪里哪里！

有特权意识

上司说这件事只有我可以，换了别人根本不行。

傲慢自大、缺乏感恩之心

你帮点小忙是应该的。

幻想自己有一天会功成名就

搞不好哪天我会被《经济学》期刊采访。

为了达到自己的目的利用别人

可以用他的人脉啊！

遇到比自己有才能的人时会表现出强烈的嫉妒

还用说吗，当然是我更棒！

不了解别人的感受

完全无法理解他们在想什么！

建立人际关系 6：掌握社交技巧

● 心理关键词：社交技巧　羞怯

职场烦恼中排在第二位的就是"人际关系"

近年来，职场的心理健康问题受到人们越来越多的关注，没有烦恼的职场人只是少数。根据公益财团法人"工作的未来"在2011年进行的互联网问卷调查，20～60岁的职场人士约有8成有着各种各样的工作上的烦恼。第一大烦恼是"职业发展前景"，紧随其后的就是人际关系。

我们生活在社会中，无法避免与人交往，所以就需要社交技巧[①]（Social skills）——在社会交往中维护良好的人际关系、与大家共同生活所需的能力。

社交技巧高超的人更受欢迎

WHO（世界卫生组织）把社交技巧定义为"对于生活中遇

---

① 社交技巧：英国的小学设立名为 PSHE［personal, social and health education，直译为人格与社会健康教育］的学科，旨在培养学生相关的知识、技巧和能力。

到的各种问题和任务能够独立、有创造性并且有效地应对解决的能力"。

这些能力主要包括决策能力、解决问题的能力、创造性思维、批判性思维、有效的沟通能力、人际交往能力（自我表露、提问能力、倾听能力）、自我意识、共情能力、情绪处理能力、抗压能力等。

具备高度社交技巧的人都具备下面的能力：① 察言观色的能力；② 可以想象别人会如何看待自己的言行；③ 擅长准确地表达自己的想法。对于第三点，羞怯的人很难做到。

但是说到底，社交技巧只是一项"技能"，所以不同于在成长过程中形成的性格，是可以通过训练掌握的。社交技巧高超的人在与人交往时会更受欢迎。如果你觉得自己这方面的能力不够，今后不妨学习社交技巧，多多训练。这样一来现在面临的人际关系问题也会逐渐得到改善。

什么是社会技能训练？

社会技能训练（SST）是通过认知行为治疗、以社会学习理论为基础的一种支援方法。用于幼儿教育和发育障碍的指导，以及感觉统合失调症的复健等。

变消极思考为积极思考

了解自己情绪低落时无法采取下一步行动的原因。

提升抗压性

考虑自己面临怎样的压力，并学习如何应对。

提升自信

考虑怎样才能让自己成为一个有自信的人。

了解自己的形象

知道自己带给周围人怎样的印象，这样的印象源于哪些言行，学习怎样做出恰当的言行举止。

表达感情

训练表达感情的语言和非语言表达技能。

温和的自我主张

学习自我主张的方法。

如何建立人际关系

积极学习建立人际关系的方法。

让自己更开朗

想要尽快和别人建立亲密的关系，要学会自己主动敞开心扉。

提高共情能力

要学习倾听和察觉对方感情的能力。

建立人际关系 7：数字化沟通需要注意哪些问题

● 心理关键词：电子邮件　即时通信软件　缺乏沟通

发电子邮件的方式让人感觉更轻松

近年来很多职场流行用电子邮件和即时通信软件进行工作上的联络。这些数字化工具有着信息传递速度快，可以打破部门之间和上下级之间的隔阂等优点。那么这种方式又会给使用者带来怎样的心理影响呢？

当我们与人们面对面交流的时候，需要耗费心神。而通过数字化工具的话只要发送想传达给他的内容即可，避免了需要考虑对方当下的感受和反应的麻烦。也就是说，这种交流方式让人感觉更轻松。也难怪，越是难以说出口的话，大家就会想还是发邮件吧。

但是这样做也会伴随相应的问题。电子邮件或者通信软件只能发送文字信息，对于里面包含什么样的语感，每个人都会有自己不同的理解、猜测。所以经常会产生感情认知上的偏差，或者出现词不达意的情况。尤其是通过电子邮件传递难以启齿的事情，容易变得更麻烦。

另外，邮件发出后如果没有马上收到回复，我们就会坐立不安，担心自己是不是说错了什么伤害到对方。会猜测对方的各种反应，疑神疑鬼。这些情况都是在面对面交流的时候不会出现的。

不要过度依赖数字化工具

为了避免出现这样的麻烦或者让自己不安，重要事项和敏感内容最好还是采取面对面交流或者打电话的方式，这样可以直接知道对方的反应。

一般来说，如果电子邮件或通信软件沟通容易出问题的职场，说明部门之间存在沟通不畅的情况。可以采取每周召开一次会议等方式，或者进行跨部门的交流，设法解决缺乏沟通的问题。

如何减少缺乏沟通的问题

员工之间总是通过数字化工具沟通的职场，就要重新寻找更合适的沟通模式。

● 重要事项或者敏感内容不要通过电子邮件联络，尽量面对面沟通

这么重要的内容他为什么不马上回复我呢？

也不是什么急事，明天再回复他吧！

利用电子邮件沟通虽然简单方便，但是也容易产生麻烦。多采用数字化工具沟通的职场，如果员工之间多是采用邮件沟通，就要有意识地尝试多进行面对面沟通。

- 尽量多参加公司的活动

我第一次参加
公司的活动。

真没想到部长这么风趣。

与同事沟通也是工作的一部分，要尽量多参与。这样可以让自己和大家的关系更融洽，还可以建立新的人脉。

- 担任公司酒会的干事

下次的企划案可以找他商量。

多担任公司中的酒会等活动的干事，有机会和平时不接触的人交流，扩大圈子。

办公室恋情应该公开还是应该隐瞒？

据说每三个人中就有一个人有过办公室恋情，你觉得这个比例是高还是低呢？觉得这个比例高的人，很可能是因为你没有发现身边同事的办公室恋情。那么如果你是当事人的话，你会选择公开还是隐瞒呢？

隐瞒办公室恋情是主流做法

很多办公室恋情的当事人会保密，因为考虑到"分手的话会觉得尴尬""周围的人会顾虑""担心别人觉得自己公私不分"。而被人发现的主要原因也是"两人对视时被别人看出了端倪"。可见"眼睛比嘴诚实"这句话的确所言不虚。

隐瞒的理由

- 分手的话会觉得尴尬
- 不希望周围的人有顾虑
- 担心别人说自己公私不分
- 被人发现的话可能会丢掉工作

> **公开的时机**
>
> 决定结婚的时候要在人事文件上写明，否则不会主动说出来。

公开的理由

- 办公室情侣很常见
- 公司对办公室恋情持鼓励态度
- 被人发现所以不得不公开
- 公开的话就不用担心对方劈腿

第**3**章

让自己成为职场达人
如何提升技能

锻炼自己 1：任何人都能成为"职场达人"！

● 心理关键词：问题解决能力　创意　原创性　认知心理学

职场达人创意更多

在社会信息化、企业全球化浪潮下，商业环境也发生了翻天覆地的变化，竞争日益激烈。人们为了寻找新的商机，在激烈的竞争中脱颖而出，不断探索着。

在这种背景下，哪些人才会让人另眼相看呢？首先，要能解决问题。解决问题就要有创意，有没有新颖的创意是非常关键的一点。在谈判、解决纠纷的时候，只有独特而恰当的创意，才能保证业务顺利推进。

也就是说，如果有发挥创意的能力，任何人都有可能成为"职场达人"。

创意不是无中生有

人们往往认为发挥创意需要具备特殊的才能，但其实世界上几乎没有无中生有的东西。例如在 2012 年因 IPS 细胞[①]研究而获得诺贝尔生理学或医学奖的山中伸弥教授，他的研究就是建立在前人研究基础上的。可见想要发挥创意，首先要有知识和经验的积累。

也就是说，要丰富自己的知识储备，广泛搜集信息，积累不同的经验，这样才可能锻炼自己发挥创意的能力。

创造性、独创性都不是与生俱来的能力。认知心理学的观点认为，人类的思考就是利用知识反复进行推论。知识越丰富、推论的经验越多，就越容易提出自己独到的想法。我想大家已经明白了，想成为"职场达人"，首先要做的就是踏踏实实地积累知识和经验。

发挥创意的原理

首先需要丰富的知识和广泛的经验，这是创意的基础。利用这些要素反复进行推论，寻找解决问题的路径。长此以往就会找到解决问题的创意，也就是独特的构想。

阶段

广泛搜集信息，增加知识储备，丰富自己的经验。

阶段

充分运用以前积累的知识和经验，不断推敲解决问题的方法。

阶段

经过反复推敲，就会产生创意、独特的思维。

---

① IPS 细胞: 人工多能性干细胞。因为增生后可以分化成各种细胞而被称为"万能细胞"。2006 年由京都大学的山中伸弥教授开发成功，开辟了再生医疗之路。

锻炼自己 2：职场达人还要具备高 EQ

● 心理关键词：IQ　EQ

EQ 就是情绪智力

学历无可挑剔工作却毫无成绩，相反学历普普通通工作却很出色——这样的人你身边是不是也有呢？

曾经的社会是唯学历论，人们认为学历高、智商(IQ)高等于"优秀"，认为具备这些条件的人在社会上一定会成功。而随着时代的发展，人们发现所谓的"优秀人才"并不一定会成功。近年来，关于这方面的研究越来越盛行，有人提出了一种观点：

想要在社会上获得成功，除了 IQ 外还需要具备另外一种能力，就是下面要介绍的 EQ[①]。

EQ(Emotional Quotient) 被称为"情商"，也称"情绪智力"，1990 年由心理学家彼得·萨洛维提出。

EQ 的五个具体能力是：1.了解自我；2.自我管理能力；3.自我激励；4.共情能力；5.社交技能。其特点是把重点放在人际关系和情绪控制上。我们只要观察一下成功人士，就会发现他们都具备上述几种能力。

---

① EQ: Emotional Quotient，即"情绪智力"。1990 年被提出，之后因《情商》（丹尼尔·戈尔曼著）一书开始广为人知。

每个人都具备 EQ 能力

人们容易误认为 EQ 是一种特殊能力，可它实际上是每个人都具备的。

与其他国家相比，日本一直以来就很重视情绪控制和换位思考，所以人们在日常生活中自然而然掌握了这些能力，并无意识地发挥出来。

但是，不得不说这种程度的能力还不足以让我们在工作中处理各种问题的时候做到得心应手，所以仍然需要努力锻炼自己的EQ。具体做法就是在日常工作生活中多留意自己的 EQ。

IQ 和 EQ 就像车辆的两个轮子，想要在商场上取得成功，这两者要平衡兼顾。

EQ 的具体内容

每个人都具备 EQ，如果能在日常生活中有意识地加以锻炼，可以让它得到进一步提高。

EQ 的侧重点在感情层面，例如人际关系和情绪的控制。原因就是人的言谈会在很大程度上受到当时情绪的影响，所以正确了解自己的情绪并控制好，才能做出恰当的行为。而且这样做会让人产生正面的情绪，提高干劲，以更好的状态投入接下来的工作。

1 了解自我

- 能够正确认识自己当下的情绪。

2 自我管理能力

- 能够控制自己的情绪。

3 自我激励

● 能够积极地理解、接受任何事情，让自己精神百倍地追求目标。

4 共情能力

● 能够理解对方的感情并感同身受。

5 社交技巧

● 能够和他人沟通，进行社会交往。

锻炼自己 3：反复推论寻找答案

● 心理关键词：推论　认知心理学

商场中没有标准答案

在工作中，我们想要随时做出判断和决策，就要知道如何找到最恰当的答案。

商场不同于数学，不存在一个标准答案。因为在不同情况下最佳答案是不同的。所以根据具体情况找出最佳答案至关重要。那么怎样做才能得到最佳答案呢？就是进行推论。只有经过反复多次推论，才能找出符合具体情况的最佳答案。

大家都在无意识中进行推论

推论就是通过推理、斟酌推导出某项论述。近年来颇受人们关注的认知心理学①将人类的思考定义为利用知识进行推论。其实每个人都在无意识地进行推论。而这里所说的"知识"不限于学问，也包括通过经历、经验获得的实践知识。

———————————

① 认知心理学：心理学的一个分支，以知觉、记忆和思考等了解事物的认识过程为研究对象。其特点是把人视为一个信息处理系统。

也就是说，所谓的推论，就是综合利用所有的知识和经验，在头脑中进行各种各样的模拟、推算，找出解决问题的最恰当方法。

制定约会行程也是一样。我们在安排行程的时候，会参考杂志和大家的评价、以往的经验等斟酌比较，从中选择最佳方案——大家应该都是这样做的吧。这就是推论。

工作能力强的职场人都有着较强的推论能力。例如在制定商品营销策略的时候，会综合以前的销售业额、当前的市场趋势以及竞争对手的销售情况等方方面面的情况，以此为基础反复进行推论，从中得出最佳的策略。推论时的知识储备越多，推论的思路就会越广。

每个人都可以锻炼推论的能力。我们要养成良好的习惯，在日常工作生活中努力增加知识积累，拓宽思路，养成对各种问题进行推论的习惯。

如何锻炼推论能力

想要让自己的工作更出色，推论能力是必不可少的。要锻炼这种能力，首先需要知道推论的程序：

步骤

- 从储备的知识中提取出若干对解决问题有帮助的信息。

如果知识储备太少，推导出的答案就可能有失偏颇。所以我们平时要努力多积累知识。除了读书之外，认真聆听上司、前辈以及客户的经验和意见也可以积累知识。

步骤

- 检查自己筛选出的知识。

认真检查自己筛选出的几个知识，确定是不是真的可以用来解决问题。

步骤

- 选出有用的知识。

再来选择有效的知识，并明确选择它的理由。这个理由可以在推论时作为合乎逻辑的依据。

步骤

- 运用知识进行推论。

运用选定的知识在脑海中进行模拟。在商场中并没有绝对的标准答案，可能会有多个解决方案，重点是能考虑到不同的情况。最后根据具体情况、商业策略等因素选出最恰当的解决方案。

锻炼自己 4：复杂的问题更要冷静处理

● 心理关键词：商业思考能力　逻辑思维能力　金字塔结构

遇到复杂的问题时人会感到不安

商场错综复杂，经常会牵涉到社会环境、企业问题。商务人士每天要处理的事情堆积如山，比如制定项目企划、解决纠纷等。容易解决的问题很少，绝大部分用寻常的方法是解决不了的。有的问题甚至完全找不到头绪，非常棘手。

在这种情况下能区分出职场人能力的高低，就是商业思考能力。是否具备这种能力，结果大不相同。

一般来说，如果是问题重大或过于复杂而无法把握，任何人都会感到不安。这种时候的有效解决方法就是商业思考能力了，尤其是逻辑思维能力。这样的思考方式可以让人避免感情用事，冷静地应对、处理问题。

结构化思考的逻辑思维能力

所谓的逻辑思维就是理性地考察事物的思考方法，这是从商的基本思考方式，可以说是工作必须具备的技能。其特征是把事物

如何建立金字塔结构

金字塔结构可以用图表示出来，能使复杂困难的问题的结构变得简单而容易理解。如果我们掌握了这种方法，不仅可以用在工作中，也可以用于日常生活。

（例）

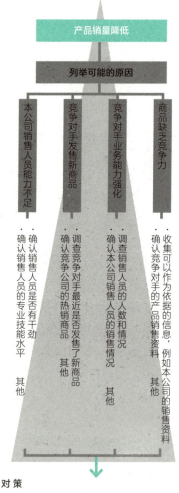

产品销量降低

列举可能的原因

本公司销售人员能力不足

竞争对手发售新商品

竞争对手业务能力强化

商品缺乏竞争力

· 确认销售人员是否有干劲
· 确认销售人员的专业技能水平

　　其他

· 调查竞争对手最近是否发售了新商品
· 确认竞争公司的热销商品

　　其他

· 调查销售人员的人数和情况
· 确认本公司销售人员的销售情况

　　其他

· 收集可以作为依据的信息，例如本公司的销售资料
· 确认竞争对手的产品销售资料

　　其他

对 策

通过研究各项要素，寻找原因，找出最恰当的解决方案。

（必须解决的问题）用结构化的方式进行解析。具体做法就是把问题分解为一个一个的构成要素，在掌握问题全貌的基础上审慎研究。这种做法又称为"建立金字塔结构"。

金字塔结构可以把事物简洁地呈现出来，可以让之前没有注意到的问题变得明确，或者是帮助我们找到新的解决方法，而且对于归纳整理自己的思路也很有效。

顺便说一句，把问题分解为要素进行研究的时候要做到"相互独立，完全穷尽"[①]，这非常重要。如果要素有遗漏或者重复，不仅会导致效率低下，甚至还会产生更严重的问题，就是难以发现问题点，很可能导致最后无法找出恰当的答案。

---

① 相互独立，完全穷尽：逻辑思维法的一种，称为 MECE（Mutually Exclusive Collectively Exhaustive）用于经济学和咨询等领域。

锻炼自己 5：发挥客观性来解决问题

● 心理关键词：推论　元认知　批判性思维

推论可能会不自觉地产生偏颇

有时虽然进行了多方推论却依然没有得到想要的答案。原因可能就是"推论过程中的偏颇"。

要得出问题的解决方案，必须反复进行推论。推论需要广泛的知识，比如专业知识和经验。但是有时候知识太丰富也会使人受到影响和操纵，被过去的经验束缚而无法自由地思考。而且人的思考方式容易受到经验、好恶和立场等因素的影响，我们会优先收集符合自己期望的信息，最终导致知识基础失于偏颇。

这种情况下进行的推论就会受到局限，无法做到全面、客观。而且更麻烦的是，这些几乎都是无意识中进行的，自己很难意识到。

从较高的角度客观看待

那么，想要修正推论的偏颇，找出恰当的解决方案，应该怎样做呢？

有一个办法是元认知①。元认知的"元"是"更进一步""从上面"的意思，元认知就是站在更高的位置客观看待自己无意识或有意识进行的认知行为。

元认知能够帮助我们客观审视自己的认知行为，掌握当前的情况，如果发现知识或者推论有偏颇之处，也可以马上进行修正。反复进行推论和修正后就能找到恰当的解决方案。

像这样，通过客观的自我认知对自己的认知行为进行监控（Monitor），一旦发现认知偏颇，就马上进行校正的管理方式（Control），称为"元认知监控"。

一般来说，工作能力强的人都具备优秀的元认知能力。我们要随时保持进行元认知的意识，多积累经验，掌握这种高明的技术吧。

元认知的流程

元认知是一种非常高明的方法。我们不仅要认知与自己有关的情况，还需要充分了解并掌握自己的知识和思考的模式。现在元认知被人们视为职场达人的必备技能。

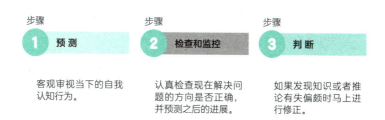

步骤	步骤	步骤
1 预测	**2** 检查和监控	**3** 判断
客观审视当下的自我认知行为。	认真检查现在解决问题的方向是否正确，并预测之后的进展。	如果发现知识或者推论有失偏颇时马上进行修正。

---

① 元认知：20 世纪 70 年代由心理学家布朗和拉维尔提出。把解决问题的元认知活动分为预测、检查、监控、判断等 5 项。

〈预测〉

- 能够预测自己的能力极限。
- 能够看清自己现在面临的问题。
- 能够预测解决问题的恰当方案，制定具体的解决策略。然后预测方案和策略是否有效。

〈检查和监控〉

- 能够了解自己的认知类型，能监控自己的推论有无偏颇。

〈判断〉

- 能够比照结果和行动目标，判断实施中的解决方案应该继续还是中止。

感觉推论有偏颇时问问自己！

☐ 是否具备解决问题所需的充足知识？

☐ 思维有没有被个人立场所左右？

☐ 有没有过多地受到权威人士或者别人意见的影响？

☐ 有没有感情用事？

☐ 有没有被过去的经验或者知识操控？

☐ 思维有没有受到固有观念的影响？

批判性思维是什么

想要修正推论的偏颇，找到恰当的解决方案，另一个有效的方法就是批判性思维。

英语中的 critical 有批判的意思，critical thinking 就是批判性思考。重点是不盲从别人的意见或信息，合乎逻辑地思考、判断。

具体做法就是以怀疑的眼光思考信息，例如审视信息源是否可靠、信息是否真实以及是否存在例外的情况等。

⊙ **职场 Topics**

批判和否定的意思并不相同

critical thinking 被翻译为批判性思维。笔者没想到，能够正确理解批判这个词的意思的人很少。

批判经常被用作否定的词语使用，大家对这个词的印象多是反对、拒绝、否定、指责。其实它原本的意思是对于人物、行为、作品等作为对象的信息和事物进行客观分析、思考，评价其价值、能力和正当性。另外否定这个词也包含不承认其价值的意思。

这样一来就可以从多个角度理解、把握问题，推论的范围也会更全面。在自由、灵活地反复进行推论的过程中，有时还会找到意想不到的解决方案。

实际做的时候，要把自己客体化，进行元认知的自问自答。听起来好像很简单，其实需要高超的能力，例如需要有逻辑的探求方法和推论所需的相关知识、仔细观察问题并从多角度进行分析的态度，以及恰当的操作技术。请大家平时多留意练习批判性思维吧！

如何发挥批判性思维

拥有批判性思维的人具备以下特征，读者可以检查一下自己有几项符合。

☐ 能够多角度灵活思考

思考的时候不被固有观念和常识束缚。

☐ 能够认识到包括自己在内，所有人都存在知识和思维方式上的偏颇与不足。

因为明白存在知识和思维方式的偏颇与不足，会经常检查自己的思维方式是否存在问题。

☐ 能够保持怀疑或否定的态度。

总是保持怀疑态度会让人有很大的压力，具备可以与之抗衡的坚强意志力。

☐ 能够区分事实和意见。

未必所有的意见都反映了事实，可以将二者明确区分开来。

☐ 用合乎逻辑的方式进行推论。

不因感情和现场的气氛影响而随波逐流，思维方式合乎逻辑。

☐ 推论时会分清依据和事实。

能够判断出依据是否正确、是否可用、是否真实。

锻炼自己 6：准备一个以上的解决方案

● 心理关键词：复眼思考　单眼思考　推论

准备几个不一样的解决方案

商场上没有标准答案，正所谓条条大路通罗马，我们最好多准备几个方案。从多个选项中选出最恰当的方案，这样也可以消除判断错误。

如果准备了多个看不出什么差异的解决方案就没有意义了。重点是每个方案的切入点或手法要有明显的区别。复眼思考，对于实现这个目标很有效。

自由灵活的复眼思考

一般来说，人的思考模式分为单眼思考和复眼思考两种类型。单眼思考是从一方面看待事物的思考方法，其特点是思路单一，所以容易被常识左右。刻板印象① 就属于这一类。

而复眼思考则是从多角度看待事物的思考方法。例如从不同

---

① 刻板印象：意思相近的表达还有"窠臼"，指人们的想法、态度和观点千篇一律的状态。

的角度和位置看香蕉，香蕉的形状就会不同。同样地，如果用不同的观点看问题，也会发现不同的层面（或状况）。

复眼思考法从多个角度看事物，所以有着思路更灵活等优点，能够进行更灵活的推论，对于找到恰当的解决方案非常有效。在考虑所有可能的过程中，找到意想不到的方法的情况也不少。

有些人自认为做到了复眼思考，其实却不知不觉中进行了单眼思考。

例如，有人的口头禅就是"那个已经过时了"，深信自己掌握了最前沿的信息，不愿再去考虑是否还有其他的可能性。我们平时要经常确认自己是否进行了单眼思考，这非常重要。如果觉得自己陷入了单眼思考，就要有意识地进行复眼思考，从多个角度考虑问题。

复眼思考练习

复眼思考的关键就在于不被固有观念和常识所束缚，站在多个角度自由地推论、思考。这种能力可以通过训练得到提高。

批判性阅读法	站在电视剧中人物角色的角度考虑
● 这是《知性复眼思考法》的作者、教育社会学家谷苅刚彦推荐的训练方法。 读书的时候不要尽听尽信作者的观点，要带着批判的眼光读，在适当的地方写上自己的评论。带着怀疑的态度阅读，会形成自己的观点和看法，不仅可以训练复眼思考，还可以训练自己的推论能力。	● 在看电视剧的时候，要站在各个不同角色的立场上，揣摩不同的场景中他们的心境。也要尝试考虑同样的场景中其他角色的想法，就能感受到人心的深奥。

不对啊，
这段感觉很奇怪!

这个犯人现在是
怎么想的呢?

锻炼自己 7：共情能力可以帮助我们建立人脉

● 心理关键词：共情能力　社交能力　成熟的依存关系

换位思考、感同身受

单枪匹马是无法完成工作的，与身边的人关系如何也会对工作产生很大的影响。所以建立良好的人际关系对于职场人来说是非常重要的。

那么想要建立良好的人际关系需要什么要素呢？这就是共情能力。当对方感到悲伤的时候自己也会悲伤，对方喜悦的时候自己也会喜悦。也就是说站在对方的立场上考虑问题、对于对方的心情和感受感同身受的能力。

除了上下级、同事等职场的人际交往中需要这样的能力，商场上同样需要。例如谈判的时候，如果我们站在客户的角度考虑，可以弄清楚对方的真正需求。

成熟的依存关系是最理想的

一般来说，共情能力强的人往往有着优秀的人际交往能力，能建立良好的人际关系。这种关系并不是一方单方面依赖另一方的关系，而是互相弥补彼此的缺点和不足，在困难的时候能够互相帮助、互相扶持的相互依存关系。心理学中称之为"成熟的依存关系"[①]。

人际交往能力强的人无论面对什么样的对象，置身于什么样的环境，都可以建立起深厚的人际关系和信赖关系。一旦建立了这样的关系，不但工作起来更顺利，在遇到问题的时候也会得到强有力的支持。

如果你被上司安排负责一项完全不熟悉的工作，也可以从平时建立的人脉中找出内行，或者请别人帮忙介绍适合的人选。

显然，如果共情能力高，人际交往能力也很高，就可以结交更多的伙伴，得到他们的支持和帮助。得到的支持和帮助越多，人脉和工作机会也会越多。可以说对于职场人来说，共情能力是不可或缺的能力。

如何掌握共情能力

掌握共情能力不但有益于人际关系，还可以让推论和元认知的能力更丰富。

基本

站在对方的角度想象他的心情和感受。

（例）**如果你是上司**

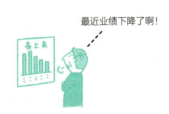

最近业绩下降了啊！

步骤

1 观察事实
确认下属目前所处的情境，例如工作业绩等。

---

① 成熟的依存关系：不过度依赖对方，必要的时候能够适度地互相利用、依赖的相互依存关系。被视为理想的人际关系。

步骤

2 体恤下属的心情
根据步骤 1 的情况，站在
对方的立场上想象他现在
的心情和感受，考虑他的
希望和需求。

希望得到表扬吗？

希望得到称赞吗？

希望得到鼓励吗？

步骤

3 根据对方的期待和希
望给予回应
根据步骤 2 的推论，给
予下属鼓励或工作上的
支持。

我很看好你！

谢谢领导信任，我一定努力！

结 果

下属觉得上司理解自己，从而也会信赖上司。

锻炼自己8："专注"和"理解"可以提高记忆力

● 心理关键词：记忆力　集中力

记忆力的关键是信息的输入方式

有些人记忆力不好，对自己的能力也没有信心。记忆力的好坏因人而异，差别很大。一般来说，二十多岁的时候人的记忆力会到达巅峰，然后开始慢慢衰退。但也有通过自身努力而使记忆力不受年龄的影响继续保持甚至提高的情况。

心理学把记忆的机制分为3个阶段：1.铭记（信息的输入）；2.保持①（信息的储存）；3.回忆（信息的输出）。最关键的是信息入口，第一步铭记阶段。如果这一步做得不好，信息就不可能清晰地留在记忆中。

心理学的观念认为，铭记阶段是否顺利是由"专注""理解"两大要素决定的。"专注"就是聚焦于某个事物的状态，能够长时间保持专注的人，我们会说他很有"集中力"。也就是说，集中力的好坏对人的记忆力会产生很大的影响。"理解"就是明白输入的信息。

---

① 保持：保持记忆不忘记。重复是保持记忆最有效的方法。记住新内容就会忘记之前记住的内容（反向抑制），所以对策就是重复。

用位置记忆法提高记忆力

记忆法中最经典的就是位置记忆法，也称"记忆宫殿""空间法"。

（例）**从家到公司的路线**

步骤

1 确定作为基准的场所

1 自己家的玄关
2 最近的公交车站
3 最近的火车站站台
4 经常乘坐的电车车厢
5 距离公司最近的车站出口
6 上班途中的某个咖啡店
7 公司的大门

步骤

2 记住步骤 1 中场所的顺序

重复背诵，牢记在心

步骤

3 把需要记住的内容——对应于步骤 1 中的场所

1 给客户 XX 先生打电话（会想起打电话时的情景）

2 与上司商量（会想起上司的表情）

3 制作要交给客户 A 的资料（会想起客户 A）

4 制作要交给客户 B 的资料（会想起客户 B）

5 制作开会要用的企划书（会想起 PPT 画面）

6 16:00 开始召开企划会议（会想起自己在会议上发表的情景）

7 18:00 和客户 C 先生见面（会想起 C 先生）

例如，对于日本人来说，与英文歌曲相比，日文歌曲更容易记住，就是因为日本人可以理解日文歌词的意思。普通人会对容易理解的事物比较感兴趣，理解会让注意力提高，记忆力也就随之提高了。

想要提高记忆力，就要有意识地在日常生活中对事物保持好奇心，试着理解各种事物的原理。

锻炼自己 9：让自己拥有自信

● 心理关键词：负螺旋　自我肯定感

负螺旋会让人丧失自信

有时候我们会很悲观，觉得自己很没用。比如一件事情不小心搞砸了，就会担心下一件事情也做不好，妄自菲薄。这种恶性循环的状态被称为"负螺旋"①。

当陷入负螺旋状态的时候，人就会产生消极的想法，也就是缺乏自我肯定感。自我肯定感，顾名思义，就是肯定自己的感觉。

如果缺乏自我肯定感，人就会失去自信，不会再有勇气迎接新挑战。

怎样提高自我肯定感

一个人有没有自我肯定感，要看他小的时候父母（或监护人）是否愿意接受他最真实的样貌。从"三岁看老"这句谚语可以看出，幼年时期形成的自我肯定感是很难改变的。

---

① 负螺旋：英语"spiral"是螺旋、漩涡的意思。指事物不断画圈发展的状态。有负螺旋、螺旋式通货紧缩等用法。

在步入社会后，大家开始把我们当作一个成熟独立的个体对待，在职场也是如此。不要总是唯唯诺诺，自我肯定感一定会慢慢得到提高。现在来介绍一下提高自我肯定感的两种方法。

1. 坦然接受称赞

如果自我肯定感低，即使受到别人的表扬，自己也会急于否认。

所以不妨坦然接受表扬，说声"谢谢"就好。如果没有人愿意称赞你，可以自己称赞自己，也能够提高自我肯定感。对自己说："今天你也很努力！""你很棒！"

2. 喜欢自己

自我肯定感低的人，可能无法摆脱幼年时期的痛苦经历，所以无法真心喜欢自己。那么就要从现在开始试着喜欢自己，培养自我肯定感。

如何提高自我肯定感

想要摆脱负螺旋，就要提高自我肯定感。

坦然接受称赞

● 受到称赞时不要否定或者否认，不妨坦然接受。

自己称赞自己

● 如果没有人称赞你，就要称赞表扬自己。通过不断称赞自己，会有精神面貌焕然一新的感觉。

今天我也很努力！真棒！

喜欢自己

● 不能喜欢自己的人可能是由于受到幼年时期的痛苦经历所影响。从现在开始喜欢自己吧。

你真是个没用的家伙！

我很喜欢自己！

锻炼自己 10：要相信自己可以

● 心理关键词：自我效能感　自尊感情

自我效能感就是相信自己

处理一项工作时对自己是否有信心，工作的态度会截然不同。如果没有信心，就会感到焦虑不安，不知应该如何是好，想要去拜托同事；而如果有信心，心态就会很积极，拿出干劲努力把工作做好。

这种预期（确定）自己能做到的感觉就是自我效能感①。

自我效能感会促使我们采取积极的行动。如果自我效能感提高，自尊感情也会提高，人就会有自信，不断获得成功。

提高自我效能感需要哪些因素呢？加拿大心理学家班杜拉列出了"四大源泉"：

1. 达成体验（自发行动并完成目标的体验）

2. 替代体验（观察别人的达成体验，觉得自己也可以做到）

3. 语言说服（周围的人鼓励自己，认为自己具备完成工作的能力）

4. 情绪高昂（解决棘手的问题让自我效能感得到提高）

---

① 自我效能感：由加拿大心理学家班杜拉提出。自尊感情是与自身价值有关的感觉，自我效能感则是感觉自己具备完成目标所需的能力。

这四项中最重要的就是达成体验。这样的体验不断增加，会让周围的人刮目相看，评价自然不断提高。

提高自我效能感的四大源泉

自我效能感提高，也就是相信自己能够利用具备的技能完成工作，干劲就会提高，有助于我们在工作中取得成果。

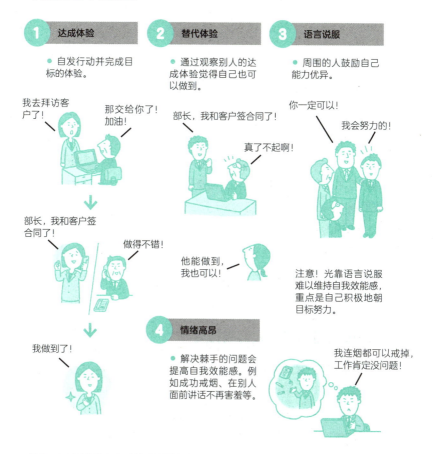

注意！暂时的情绪高昂无法长期持续下去。

锻炼自己 11：变困境为机会

● 心理关键词：道歉　失败体验　自我厌恶　思考中断法

道歉方式是否恰当会影响信赖关系

因为指令错误无法如期交货、弄错了协调会的时间……工作中有时粗心大意难免出现这样那样的失误。

这些虽然只是无心之失，但是对于工作伙伴来说就是严重的问题。尤其在职场中如果马马虎虎总是出错，会严重影响士气。如果商场中发生这样的问题，会严重影响个人甚至整个公司的信用。

当因为自己的原因造成失误或者麻烦的时候，当务之急就是道歉。其实妥善的道歉并不容易做到，道歉不当有时甚至会火上浇油。也就是说，道歉的方式是否恰当会影响个人甚至公司的信用。

诚恳的道歉让人容易接受

道歉的关键就是鼓起勇气迅速诚恳地道歉，然后耐心解释发生问题的原因。这样的话受到损害的一方也会表示出善意。另外，做出对方能够接受的说明，也可以安抚他的情绪。

道歉时的大忌就是找借口为自己辩解或者推脱责任，对方会认为你在为自己的过失开脱，感觉不到你道歉的诚意。

还有太晚道歉也会变得没有意义，对方会觉得自己被轻慢，留下不好的印象。

不贰过

有的时候我们会因为无法摆脱失败的阴影而对自己感到厌恶，从此一蹶不振。瞻前顾后又容易导致再次受挫，甚至陷入负螺旋状态。

失败不可怕，但是一定要懂得自省并从中吸取经验教训，避免在以后的工作中出现类似的问题，这样做才会让失败有价值。不能让失败止于失败。俗话说"失败是成功之母"，它的含义和通过积累成功经验（达成经验）提高自我效能感正相反。如果失败，就要回到原点，找出失败的原因，避免再犯类似的错误。

如果还是无法摆脱失败的阴影，不妨尝试一下思考中断法[①]。当情绪消沉的时候，大声喊"停！"萎靡不振的消极情绪会一扫而光！

----

① 思考中断法：由美国心理学家保罗·史托兹提出。他提出了解决问题的方法 LEAD工具法（1.Listen=倾听；2.Explore=探究；3.Analyze=分析；4.Do=行动）。践行这4个步骤解决问题，可以避免损失或者将损失控制在最低限度。也可以作为应对投诉的技巧。

有因才有果

英国哲学家詹姆斯·埃伦在他的著作《原因与结果的法则》中说，世界上所有的事象都有"结果"，所有结果也一定有其原因。例如工作中出现失败一定是有原因的。环境和命运（结果）由想法和人格（原因）决定。如果思想和性格是不好的，环境和命运就会陷入糟糕的境地。也就是说，如果原因改善，结果自然会变好。

锻炼自己 12：让你精通谈话技巧

● 心理关键词：社交技巧　语言沟通　互惠规范

什么样的谈话方式更有说服力

建立良好的人际关系需要具备一定的社交技巧，社交技巧中有一项就是"有效的沟通"。沟通包括语言沟通（Verbal）和非语言沟通（Non-Verbal）。我们平时就是用这两种沟通方式表达自己的想法、情绪、信息。

跟同事或者上司交谈，跟客户开协调会，都要求我们具备优秀的沟通能力。商场中最重要的对话能力应该就是说服力吧！每个人都希望自己可以说服同事、上司或者客户。

谈话时要考虑到各种要素，这样才会有说服力。首先最重要的因素就是语速。语速太快会让人感觉不沉着，缺乏说服力。大家可以参考新闻播音员的语速，实际模仿起来也许会觉得有点慢，但是这样的速度会让对方觉得有说服力。

其次是说话的时候要有自信。如果表达不流畅，总是停顿，会让对方觉得会你没有信心。想要说话的时候有自信，开口之前可以先在心里整理一遍自己要表达的内容。

自己没弄懂的东西不要不懂装懂、拿来卖弄，否话马上就会露出马脚，等完全弄懂后再把自己的意见表达出来。

最后还可以加入通俗易懂的比喻，谈谈自己的经历或者幽默的内容，作为主要内容的调剂，这些可以让谈话更有魅力。比如在谈话开始前，可以表达希望双方有良性互动的愿望；或者谈起某个创意时说说自己是如何想到的，这样会给对方留下深刻的印象。

"倾听"在交谈中也很重要

只说不听谈话是无法进行下去的，我们需要认真倾听同事、上司以及客户想要表达的内容。如果一心想发挥自己的口才，很容易变成唱独角戏的情形，最后会适得其反。这样做的话客户会觉得你没有认真听他的要求，感到担心。大家不妨想想，如果对方认真倾听你所说的话，你会想我也要认真听他说什么，这就是互惠规范[①]。所以，如果你希望对方认真听你说话，首先就要认真倾听对方说什么。

⊙ 职场 Topics

美国总统的宣讲
值得我们学习

美国总统的宣讲经常会让我们拍案叫绝。虽然他们是用英语，但宣讲时抑扬顿挫、语速缓急的技巧和庄重的态度，我们同样可以感受到。第十六任美国总统林肯会在重要的句子前沉默一会儿，

---

① 互惠规范：获得别人的恩惠时想要回报的心理。好意的回报性法则就属于这一类。但是如果受到的恩惠超出自己的身份，反而会成为负担。

让接下来要说的话更有力度。第三十二任美国总统罗斯福会在宣讲前反复推敲，尽量用平易近人的语言向人们表达自己的想法。第四十四任美国总统奥巴马喜欢使用平实的短句，让人印象深刻。他的手势和肢体语言也让他的宣讲更有激情。

会议的心理 1：开会的目的是什么

● 心理关键词：建导技术

开会是最重要的沟通手段

在职场中，每月、每周甚至每天都要开会。会议有意义的话当然没有问题，但是很多会议没有明确的目的，大家搞不懂自己为什么要参加。如果是这种情况的话，就说明公司和员工都不了解开会的目的。

开会的时候大家面对面坐在一起互相交流，阐述自己的想法，并听取对方的意见。如果通过电子邮件交流意见的话会花费大量的时间，甚至有的时候还会偏离讨论的主题。反过来说，能通过邮件解决的问题不应该特意开会。

说到底，会议的目的是让工作顺利推进，也是为了调整工作方针、提高效率。如果因为开会而影响工作效率就是本末倒置了。

而且在组织中成员要共享信息。应该共享哪些信息呢？首先要明确组织的目标（计划），如果有问题点的话要详细确认，再决定解决问题的对策。我们一定要明白，开会是组织中最有效的沟通手段。

建导技术是什么

此时最重要的就是建导①（Facilitation）技术。也就是"会议引导术"。组织会议进行、营造让大家针对主题阐述意见的氛围、召集言之有物的人员参会，还有调整日程等都属于建导技术的范畴。

建导技术既能提高会议质量，也会提高人力的素质，同时有助于提高组织的效率，甚至提高公司的效益。

好的会议，差的会议

如果希望会议取得良好的效果，要遵守下面几项基本的规则：

差的会议

- 会议的目的不明确。
- 发送邮件就能解决的问题特地开会。
- 有的参会人员与议题毫不相干。
- 有人交头接耳，或者对别人的发言冷嘲热讽。
- 开会的时候有人迟到早退。
- 会议经常偏离主题。
- 会议毫无重点，白白浪费了时间。
- 由会议主持人或者上司（总经理）唱独角戏。
- 只是阐述意见，做不出任何决定。

好的会议

- 对于要讨论的内容准备得非常充分。
- 所有参会人员对于开会的目的达成共识。
- 有主持人，主持人明白应该如何引导会议。
- 可以畅所欲言的氛围。
- 所有参会人员都积极踊跃地发言。
- 最后会认真确认大家达成共识的项目。
- 大家都知道会议上决定了什么事项，并用在下一步工作中。

---

① 建导：指"简化""促进"，即在会议或者协调会中引导会议走向，职责是帮助大家达成共识和相互理解。负责这项工作的人是建导者。

会议的心理 2：如何让会议更有成效

● 心理关键词：群体思维　从众行为　群体压力

参会人员要事先了解会议的目的和议题

缺乏紧张感的拖沓会议很容易让人劳心伤神，尤其是那种浪费了很多时间最后却没有任何结论的会议，白白浪费了精力。那么，如何才能让会议充实而有意义呢？

一般来说，会议分为决策型、指示命令型、报告型、分析型和头脑风暴[①]型等多种类型，参会人员需要事先弄清楚本次的会议属于哪一种。这就是前面说过的建导的第一步。

例如，如果当天的会议属于决策型，就需要集思广益，根据大家的意见做出决策。因此参会人员要准备好自己的意见，在会议上发表。

也就是说，所有的参会人员都要事先了解当天会议的目的和议题，这样才能提前做好相应的准备，抱着完成目标的心态参会。

要营造让大家能够畅所欲言的氛围

决策型或者头脑风暴型的会议，都要向参会人员征求意见，

---

① 头脑风暴：一种会议方式，也称集思法、畅谈法。大家各抒己见，期待可以触发更多更好的创意。其目的不是为了做出决策或者得到结论。

所以重点是从正反两方面和各种角度提出自己的意见——会议的领导需要营造这样的氛围。

特别强调一点，如果员工过于团结的话容易陷入群体思维^①的误区。

美国心理学家杰尼斯认为，群体思维是因为凝聚力强（向心力强）的内群体过于重视意见的一致性，而无视其他可选择方案的思维模式。

也就是说，如果过于重视达成意见的一致性，就容易做出不合理的、愚蠢的决策。心意相通、感情和思维方式相似的人一起开会的时候，就容易陷入这种群体思维，需要引起注意。

在这样的情况下，会议的结论容易被领导的个人好恶左右，致使公司和员工陷入进退两难的状态。

头脑风暴是什么

有一种刺激创意的方法就是头脑风暴，让参会人员畅所欲言，再互相参考彼此的意见进一步联想，就会产生很多灵感。

规则

- 头脑风暴中不做批评、判断。
- 所有人不囿于常识，自由、随意地提出自己的意见。
- 大胆的想法会受到鼓励，一般来说会被大家笑的创意更受欢迎。
- 相比量更重视质。
- 对别人的意见进行修正、完善，提出新的想法。

独特、全新的创意诞生

这样的话如何呢？

不可行吧？

未必，稍微改改也许会很不错。

---

① 群体思维：也称小群体意识。这个词语很早就有，美国心理学家杰尼斯（J.Janis）第一次将其作为表达群体性心理的词语用于政治分析。

结果总会迎合大家

另外，有时候在会议中我们会不由自主迎合大家都赞同的意见。比如，即使觉得意见本身有问题，也很难有勇气反驳众人的看法。觉得干脆睁只眼闭只眼，和大家站在同一条战线上比较妥当，这是人们正常的心态。像这样即使放弃自己的信念或者改变自己的意见也要配合别人的做法被称为"从众行为"①。

只要有群体，任何场合都有可能发生从众行为。比如有的衣服我们觉得很难看，不知道为什么会流行，但是如果大家都穿，我们也会跟着穿，这就是从众行为。还有，在街上如果看到很多人在排队，会因为好奇也走过去排队，这也是从众行为。

容易采取从众行为的性质称为"从众性"，容易采取从众行为的人从众性强。从众性强的人不会破坏与周围的和谐，配合度高，在团队合作时会成为得力的助手。但他们不具备领导力，也不能期待他们有自己的想法和创意。如果找他们商量事情时，他们也只会说几句不痛不痒的话，很难指望他们拿出解决方案。

强迫大家"一致"的群体压力

说到"从众行为"，就要说说"群体压力"。就是在群体内多数派不承认少数派的存在，暗地里强制他们配合多数派的意思。

有时候有人表达反对意见的时候多数派会嘲讽他们，说他们看不出火候，这也是一种群体压力。在第二次世界大战时，主战派

---

① 从众行为：从众行为是指人容易被多数派意见左右，不太受欢迎。而建立信赖关系后，彼此之间的动作、表情相似称为"同步倾向"。

对于反战派的讥讽，就是典型的群体压力。

从众行为和群体压力都是群体内常见的现象。但是如果我们希望会议更充实更有意义，就要认真了解会议的目的，不屈服于群体压力人云亦云，勇于表达自己的观点。开会的时候是毫无存在感地坐在那里充当背景，还是发挥存在感让会议开得有意义，完全取决于你自己。

哪两条线长度一样？

美国社会心理学家所罗门·阿希做了一个关于从众性的实验。

实验方法

1. 找来七位实验对象（其中六人是陪同，只有最后一人是真正的实验对象），给他们看画在一张纸的一条线（A），并记住线的长度。

A

2. 接着给所有人看另一张纸，纸上画有三条线（B），让他们选出哪条线和刚才的线长度一致。

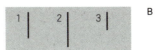

B

3. 正确答案是 2，但是六名陪同者都选择了 1，于是真正的实验对象也跟着他们选择了 1。

正确答案是 1。　　　　　我也选 1。　　　　　应该是 2 才对吧……

结果

实验对象受到陪同者影响，选择从众。

会议的心理 3：选择合适的会议室让讨论更活跃

● 心理关键词：环境心理学　色彩心理学

房间的氛围不同结论也会变化？

有一门学问叫环境心理学，以人和环境的相互作用为研究课题。根据这门学问，在召开会议的时候，会议室的环境可能会对会议的状况产生影响。

假设同样的十个人开会，在容纳十个人绰绰有余的会议室举行与勉强能容纳十个人会议室举行，会议的氛围大不相同。氛围不同的话，结论也有可能发生变化。

有人做过一个实验，研究房间的大小会让人的心理产生怎样的变化。实验方法是进行一场模拟审判，如果陪审团完全由女性成员构成，在狭小的房间做出的判决比起在宽敞的房间做出的判决要宽松。而在只有男性构成的团体中，在狭小的房间更容易做出严厉的判决。

通过这个实验我们可以看出，男性在狭小的房间讨论容易产生互相攻击的倾向，而女性则容易变得更亲密。由此我们可以得出结论，如果希望讨论更活跃，让大家说出自己的真实想法，就要选择狭窄些的会议室，而如果希望会议只是走个形式的话就要选择宽敞的会议室。

利用红色的兴奋效果让讨论更活跃

色彩心理学①也可以用于会议。实际上，色彩有影响人类感官的效果。

例如，我们看到红色会感到温暖，看到蓝色会感觉冰冷。大小一样的两个物品，白色的看起来大而轻，而黑色的则看起来小而重。

有些公司利用这样的视觉效果（色彩心理学），把会议室布置成不同的颜色。例如，红色会让人兴奋，如果在会议上里摆上红色的花，参会人员受此刺激讨论会更积极踊跃。顺便说一下，我们已经知道在生产车间选择让人沉静的蓝色，可以提高工作效率。日本的公司大多使用灰色的办公桌椅，有压抑员工个人特性的效果，可以说是具有日本特色的做法。

---

① 色彩心理学：即研究人类对色彩的观感会如何影响人的行为（反应）的学科。歌德、空海、荣格、弗洛伊德和阿德勒都曾提及或者研究过人面对色彩时的心理。

会议室的氛围也非常重要

有的公司有设备齐全的会议室，也有的公司会议室还兼做休息室。那么会议室的氛围会给会议带来怎样的影响呢？

参会人员之间的距离拉近，可以让大家放松心情交谈。但是因为没有被分隔开，谈话内容会被其他员工听到，或者有路过的员工过来打岔。

让进入房间的人感到紧张。宽大的桌面上可以摆放资料和样品。能让大家静下来好好交谈。

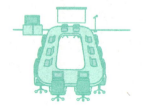

可以让人放松下来交谈，所以比起讨论更适合联络感情。

会议的心理 4：看座位就可以知道参会人员之间的关系

● 心理关键词：人际距离　斯汀泽现象

对会议态度消极的人习惯坐在门口附近

从一个人无心的举动就可以看出他的心理状态。心理学中有一种说法，人与人之间的物理距离和心理距离成正比，称为"人际距离"[①]。

例如，在开会的时候总是坐在门口附近的人，可以说是对会议比较反感，或者感到不安。他们会有很多担心，比如自己在会上的发言是否有用，能否和其他人建立良好的关系等。因此会做好准备，万一情况不对可以马上逃出去，于是就会坐在门口附近。实际上他们不见得会跑出去，但是坐在门口附近还是会让他们更有安全感。

领导坐在什么位置

那会议的领导坐在哪里呢？领导通常坐在可以纵观全场的位

① 人际距离：人具有的与别人保持距离的意识。指人会靠近自己喜欢的、感兴趣的事物，而远离自己讨厌的、不感兴趣的事物。

置。如果会议桌是方桌，就是本页图上的 A、C 和 E。A 和 E 的效果基本上是一样的，距离入口越远的位置领导力越强。另外，想发挥领导力的人喜欢 A 和 E，喜欢 C 的人则而重视人际关系。

如果希望会议顺利进行，领导最好坐在 A 或 E 位置，辅佐领导的人则坐在 C 位置。如果是希望会议气氛更自由的头脑风暴，领导可以坐在 C 位置。

圆桌可以营造出让人畅所欲言的氛围

如果会议桌是圆桌，很难区分上首下首，所以有领导力难以发挥的特点。也就是说，如果希望让参会人员有平等感，想要大家踊跃提出个人意见的话，圆桌比方桌更适合。大家会对会议的领导抱有好感，觉得他有聆听意见的雅量。

方桌和圆桌的差异

根据会议的种类和意图决定使用方桌或者圆桌也是一种方法。

方桌

不同的位置有地位高低之分，更适合发挥领导力。

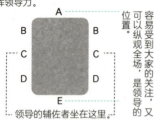

领导的辅佐者坐在这里。

容易受到大家的关注，又可以纵观全场，是领导的位置。

圆桌

适合需要所有参会者各抒己见的情况使用。难以发挥领导力，但是参会人员会觉得更平等。

圆桌的大小也很重要。例如，直径 3 米大小的大圆桌坐 8 个人，人与人之间会有较远的距离。但是如果是直径 1.5 米的圆桌的话，人与人之间就会挨得很近。从私人空间的观点考虑，小圆桌会让大家感觉更亲近，可以无所顾忌地交换意见。

如果会议形式和发布会类似，由说话人从头到尾讲给其他人听，那么把座位摆成 U 字形或者 V 字形可以有效地让大家的视线集中在说话人的身上，会议的效果会更好。单纯发布方针或者做出指示的会议也同样适合这种方法。

从座位看出的斯汀泽现象

美国心理学家斯汀泽研究了小群体中的生态，发现人们在会议中选择座位有 3 个规律：1. 发生过争执的两个人习惯在会议上面对面坐；2. 在某个发言之后的发言经常是反对意见；3. 主导会议的人力量弱的时候面对面坐着的人会窃窃私语，力量强的时候相邻而坐的人会窃窃私语（斯汀泽现象①）。

美国心理学家罗伯特·索默尔通过实验证实，空间的位置关系和在群体中的地位有关。被大家视为领导的人会自然地坐在上座，其他参加者基本每次都会坐在同样的位置。

请大家综合考虑以上情况，根据会议的目的、内容考虑如何安排领导和其他参会人员的位置。比如意见一致的人坐在方便合作的位置（相邻的位置），不想交谈的人安排在相隔比较远的位置，总之，最好根据彼此之间的关系来选择位置。

---

① 斯汀泽现象：如果会议室里还有其他空着的座位，某个人却偏偏要坐在你对面，可以认为他很可能反对你的意见。

通过方桌上的位置关系可以看出人际关系

心理学家罗伯特·索默尔设定了"交谈""合作""竞争""拒绝交谈"等4种场景，测试大学生的反应。实验方法是让一个学生先坐下来，然后看另一个学生如何选择座位。最后得出结论：和对象的关系不同，选择的座位也不同。

单位 %

座位安排	作业条件			
	交 谈	合 作	竞 争	拒绝交谈
A	42	19	7	3
B	46	25	42	3
C	1	5	20	42
	0	0	5	32
D	11	51	8	7
	0	0	18	13
总 计	100	100	100	100

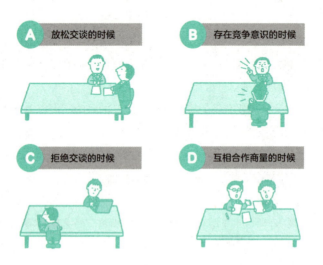

A 放松交谈的时候

B 存在竞争意识的时候

C 拒绝交谈的时候

D 互相合作商量的时候

会议的心理 5: 宣讲展示自己的好机会

● 心理关键词: 三 P　第一印象　吸引力　视觉效果

宣讲是得到大家认可的大好机会

商场上经常会有宣讲①。宣讲就是向听众提供某个信息, 获得他们的理解和认同的行为。

在商场上这是说服顾客和上司认可的重要手段。可以说对于职场人来说, 在宣讲上大显身手是展示自己、获得认同的绝佳机会。而且如果宣讲的内容通过的话, 就可以按照自己的想法推进工作。

宣讲的时候, 宣讲者 (企划制定者) 要当面向大家发表, 简明扼要地说明内容。如果准备工作没有做好的话, 在说明的过程中就会紧张, 内容表达不清楚, 无法讲明白企划的内容, 反而会让个人评价降低。

现在我们来思考一下怎样才能成功地进行宣讲, 得到周围人的好评。

宣讲中有三个必备要素, 分别为个性 (Personality)、内容 (Program) 和表达方式 (Presentation　skill), 合称三 P。

---

① 宣讲: 英语 Presentation, 表示"表达""提示"等意思。目的是同时向多人传达想法、计划和信息等。

通过良好的第一印象吸引听众

首先是吸引力，在讨论第一印象的内容中已经讲过。在同一个部门或者小公司进行宣讲的时候，听众基本都是熟面孔。

但如果是大公司，可能会遇到在平时难得一见的高层领导。

如果是对客户做宣讲，很多时候与听众也是第一次见面。这种时候，给客户的第一印象如何至关重要。要让对方对自己产生好感，愿意认真聆听你的宣讲。

而每个听众的想法都是不一样的。例如，有人对宣讲的主旨感兴趣，也会有人觉得没有必要特意搞一个宣讲。

宣讲的三 P

宣讲是展示自己、提升个人评价的绝佳机会。如果希望获得成功，一定要掌握宣讲的基本要素。

1　个性（Personality）

第一印象非常重要，如果能得到听众的好感，他们就会愿意听你说话。

好，现在我们开始。

这是什么态度啊？

2　内容（Program）

简洁、准确地表述自己的想法，内容要能获得大家的理解。

这家伙到底想说什么啊？

3　表达方式（Presentation skill）

把资料做成 PPT 分发给大家，用好白板等工具。

很不错啊，总结得简洁易懂。

甚至一开始就抱着否定态度。有人心里只想着手头的一堆工作，希望能尽早结束。

当然也有人会期待你的宣讲，希望你的宣讲内容会对公司有帮助。总之，听众的想法也是因人而异的。能够从一开始就展示出吸引力，让大家产生聆听的意愿非常重要。

在时限内进行有效的说明

发布会的第二大要素就是内容。重点是把自己的观点、主张简洁准确地表达出来并获得别人的认同。表达方法主要有两种：

1. SDS 法

按照整体归纳（Summary）、详细说明（Details）、整体归纳（Summary）的顺序安排报告的内容。首先大致告诉听众你要表达什么，接下来详细说明正题，最后总结时再次说明自己想要表达的内容。

2. PREP 法

这种方法首先陈述要点（Point）（想表达的结论），接下来阐释理由（Reason），然后列举具体事例（Example），最后再次总结要点（Point）进行归纳。

这两种方法都有一个关键，都是以准备的资料（要分发给大家的资料）作为宣讲的概要。做好的资料必须在时限内讲完，所以在正式宣讲之前多练习，保证不超过时间。

有的宣讲者讲着讲着就开始随性发挥，说一堆和概要无关的内容。但是听众都是第一次接触资料，所以会一头雾水，不知道宣讲者在讲哪一页的内容。

想要避免发生这样的情况，也可以不给听众分发资料。

如果不给听众分发资料，他们手里没有资料，就会更专注地聆听宣讲者所讲的内容。可以在宣讲结束后把资料分发给他们。

用好视觉工具

最后是如何表达。在宣讲的时候，使用视觉工具已经成为常识。视觉工具能够吸引观众的视线，可以说是必不可少的工具。已经有人证实，使用视觉工具可以加深听众的理解力，吸引他们的兴趣和关注，并在短时间内传达给他们更多的信息。

如何安排宣讲的内容

宣讲时如何简洁、准确地表达内容，听众更容易理解和接受呢？介绍几个表达方法。

〈 SDS 法 〉

1 整体归纳（Summary）

首先大致告诉听众你要表达什么内容。

2 详细说明（Details）

详细说明主题。

3 整体归纳（Summary）

最后再次归纳自己想要表达的内容。

〈PREP 法〉

1 要点（Point）

先陈述想表达的结论。

2 陈述（Reason）

阐释得出 1 中结论的理由（Reason）。

3 具体事例（Example）

列举事例，让对方认同。

4 要点（Point）

最后再次总结要点（Point）。

关键

这两种方法都有一个关键，都是以准备的资料（要分发给大家的资料）作为宣讲的概要。做好的资料必须在时限内讲完，所以在正式宣讲之前多练习，保证不超过时间。

还有研究结果表明，使用视觉工具还会给听众留下深刻的印象。

最常用的视觉工具是演示文稿软件 PowerPoint。

"不擅长"不能当作借口。如果发布会上要与好几家公司竞标的话怎么办呢？其他公司使用视觉工具说服客户，只有你没有，其他公司的印象分一定会比你高，即使你的企划案内容再优秀、再有创意也没有用。何况没有使用视觉工具的公司，也许还会被人贴上已经落伍的标签。

用好视觉工具、掌握编辑和设计视觉效果的能力，是宣讲必不可少的要素。

同行者也很重要

发布会分为单人宣讲和团队宣讲。特别是大企业内部或参加竞标时的宣讲，几乎都要建立团队由大家集思广益讨论内容。参加竞标的时候通常由单人代表发表，其他成员也会一同参加。

此时，同行的人可不是摆设。大家要事先决定好分工，分别担任宣讲者、协助者、记录者的角色。宣讲者应该由最熟悉提案内容的人来担任。他可以事先拜托协助者在宣讲中遇到听众提出问题的时候帮忙应付。如果由团队的上司担任协助者的话，会更容易获得听众的信赖。

此外，还可以安排"吸引听众注意"的角色。

每个公司都有擅长话术的人，可以让他来做开场白，抓住听众的心，然后再由宣讲者切入正题。

记录者并不是单纯地记录议程，还要观察听众的反应。在宣讲者发表时，通过观察听众的表情和态度了解他们最感兴趣的部分或者有疑问的部分，并将这些要点记录下来。

同行者的职责分工

以团队形式进行宣讲时，宣讲者以外的成员也担任着重要的角色。请了解不同的分工，好好完成自己的职责吧。

我是为大家介绍此次企划的××。

宣讲者（发表人）

由对企划内容最熟悉的人担任。

吸引关注的角色

安排擅长话术的人负责，在
开场时提起听众的兴趣。

感谢大家今天的到来。
接下来……

记录者

观察听众的反应，记下他
们最感兴趣的部分或者有
疑问的部分。

哦，大家对这里
感兴趣。

协助者

是客户（听众）与宣讲者
之间的桥梁。如果由团队
上司担任的话，更容易获
得客户的信赖。

这里由我来为
大家说明。

团队配合默契，宣讲也很棒啊！

会议的心理 6：如何获得信赖

● 心理关键词：社会权力　专家权　参照权　信息权

彰显自己是专家

与其他公司开会时，或在发布会上发表时，大家必须要明白，自己代表的是公司。例如，在推销商品或宣讲时，如果业务员不能获得客户的信赖，即使产品和企划案再优秀，也不可能签下合约。

那么，怎样才能获得客户的信赖呢？

在社会心理学中，将影响对方态度和行动的能力称为"社会权力"[①]（社会影响力）。

社会权力分为六类分别是：① 报酬权；② 强制权；③ 法职权④ 专家权；⑤ 参照权；⑥ 信息权。换言之，只要掌握这六类当中的一种资源，就等于拥有了影响他人的能力。要获得客户的信赖，利用专家权最有效。向客户展示自己是拥有该领域专业知识的专家。

但是，只用专家权做卖点也可能会让对方反感，觉得你眼高于顶、光说不练。在展示自己的专业和自信时，如果适度地表示谦虚，可以让你的专家权更有说服力。而信息权的必要性应该不用笔

[①]　社会权力：人或组织影响他人行为的潜在能力。使用六类权力当中的哪一种，要根据年龄、性别、领域等因素选择。

者多说了。但是，如果你的信息对客户没有价值的话，交易也就告吹了。

何谓社会权力？

能够发挥影响力的潜在能力（社会权力）主要有六类。想要有效发挥领导力，需要能够用好这六类权力。

1 报酬权

认识到他人有能力为自己提供报酬、奖赏时。

他会给我很高的评价。

2 强制权

认识到他人有能力惩罚自己时。

这次失败我可能会被降职。

3 法职权

他人在社会、文化规范中拥有影响我们的正当权力，我们就会觉得自己应该服从。

这个企划由我负责。

我必须听从他的指示。

4 专家权

认识到他人在某一特定领域拥有比自己更多的知识和技能时。

他的语言能力真是出类拔萃！

5 参照权

将自己与他人一视同仁、希望模仿他的行为和思想。

真帅气。我也想成为这样的人。

6 信息权

发现获得的信息对于自己很重要时。

原来如此。这个信息非常有用。

会议的心理 7：职场人必须具备的 说服技巧 ①

● 心理关键词：说服性沟通　片面提示　两面提示
　　　　　　　飞去来器效应

片面提示和两面提示

前一章节介绍了社会权力。社会权力的基础是信赖关系，因为有了信赖关系，才会让人觉得你讲的话有说服力。

在商场上要让对方认同你的观点，说服对方是非常重要的。将说服对方的一系列过程和工作称为"说服性沟通"。

最有代表性的说服性沟通包括片面提示和两面提示。任何事物在有优点的同时也有缺点。例如，自己公司的产品性能方面比其他公司高出很多（优点），相应地，价格也高出很多（缺点）。

销售此类商品时有两种说服技巧，仅提优点的片面提示，以及明确指出优点和缺点的两面提示。

使用片面提示时，有轻易就能说服对方的效果，但是后续也有被对方投诉的危险。而且还有可能产生飞去来器效应 ①，对方出人意料地改变意见。例如，在推销价格并不敏感的特殊商品可以使

---

① 飞去来器效应：指拼命说服对方却产生反效果的心理现象。人之所以会对说服产生抵触，是因为想要维护自己的自由。

用片面提示，而对于价格敏感的家电产品等最好还是用两面提示，明确告知对方优点和缺点。使用两面提示诚实地告知客户优缺点，可以获得对方的信赖。

片面提示和两面提示的使用方法

明确告知对方优点和缺点并不容易。稍有不慎，缺点可能会被放大。让我们根据具体情况做出判断，使用有效的说服技巧吧。

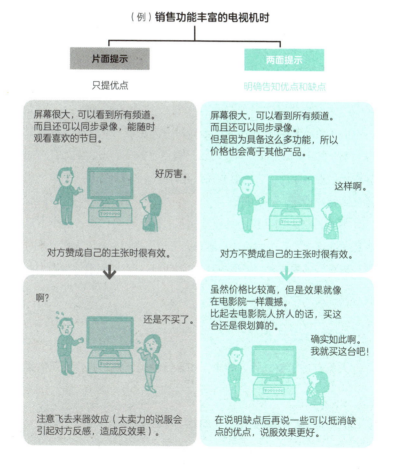

（例）销售功能丰富的电视机时

片面提示

只提优点

两面提示

明确告知优点和缺点

屏幕很大，可以看到所有频道。而且还可以同步录像，能随时观看喜欢的节目。

好厉害。

对方赞成自己的主张时很有效。

啊？

还是不买了。

注意飞去来器效应（太卖力的说服会引起对方反感，造成反效果）。

屏幕很大，可以看到所有频道。而且还可以同步录像。但是因为具备这么多功能，所以价格也会高于其他产品。

这样啊。

对方不赞成自己的主张时很有效。

虽然价格比较高，但是效果就像在电影院一样震撼。比起去电影院人挤人的话，买这台还是很划算的。

确实如此啊。我就买这台吧！

在说明缺点后再说一些可以抵消缺点的优点，说服效果更好。

附加好处

在与客户谈判时，附加价值战略的手段很有效。就是不等对方提出就主动降低我方的要求，并且不断附加各种好处。这被称为"还有更多策略"（That is not all）或"优惠附加法"。这是电视购物频道常用的手段，以附带各种赠品的方式吸引顾客购买。爱贪小便宜是人的本性，这种方法正是巧妙地利用了人们的这一心理。

但是，这种方法如果使用不当也会引起对方的反感，而且会在以后交易时要求附加好处，因此需要谨慎使用。

提供特别待遇取悦对方

我们在受到特别对待时，会对对方产生好感和信任。欲擒故纵策略（Hard to get）的技巧正是利用了这一心理。例如，在向客户提供报价单时，告诉对方我们努力提供了特别优惠，对方会感觉受到特殊待遇，心情变好。

另外，在公司会议上拜托上司帮忙时，也可以说"这个忙只有您才能帮上"。上司可能会愿意为了你和高层商量。人们喜欢对自己抱有好感的或者感兴趣的对象，这就是好意的回报性法则。

利用心理抗拒①

人类有追求自立性的要求，如果行为受到限制，会表现出强

---

① 心理抗拒：心理学家杰克·布雷姆提出的理论。在青春期的孩子们中特别常见。react 本是物理用语，表示抵抗的意思。

烈的抵触，尝试夺回自由。这种心态称为"心理抗拒"。

飞去来器效应可能也是由心理抗拒导致的。

即对于那些讨厌被说服的人，要尝试冷淡对待。例如有一件工作要交给性格高傲的下属，可以说，"这个企划想让你来完成，但是你好像忙不过来，想想还是算了吧"。他受到刺激也会主动请缨。

但是，心理抗拒的程度也会因人而异，使用前要看清对方的性格和情况。

其他说服技巧

我们要巧妙利用对方的心理成功说服对方。但是根据对方的性格和具体情况，需要使用不同的方法。

还有更多策略

附带好处和附加价值取悦对方。

月底前签约会有 30% 的折扣，而且还会附赠这件商品。

这样啊！

欲擒故纵策略

提供特别待遇取悦对方。

只有部长才能真正理解这个企划的价值。

我去跟高层商量看看吧。

利用心理抗拒

利用人们想要维护自己行动自由的反抗心态。

这个企划想让你来完成，但是你好像忙不过来。

不会的，我可以完成。请交给我吧。

会议的心理 8：商务人士必备的 说服技巧②

● 心理关键词：得寸进尺策略　以退为进策略　投低球策略

分阶段说服，得寸进尺策略

说服别人的过程中，拜托和请求的技巧很重要，这也是生意成败的关键。具有代表性的经典请求技巧就是得寸进尺策略（foot-in-the-door technique）。日语中称为"分阶段说服"或"分阶段请求法"。

首先提出一个对方很容易就能接受的要求，对方接受之后再提出真正的要求（直接提出对方很可能会拒绝的要求）。对方会担心如果接受简单的要求却不接受困难的要求会让人觉得自己不体谅别人。得寸进尺策略就是利用了人的这种心理。人类有保持自己的态度前后一贯的需求（态度的一贯性需求、一贯性原理）。而且人际交往中，态度反复的人容易让人讨厌。

在商场上我们也可以利用这一心理去提出工作上的要求或请求。一开始提出小的要求，注意不要说出找不到其他人帮忙所以才来拜托你这样的话。因为这样对方会觉得"既然别人没有接受，我也可以拒绝"。这样就没有机会提出真正的要求，只能眼睁睁地错过机会。

让步要求法，以退为进策略

还有一种方法与得寸进尺策略正相反，就是先提出一定会被拒绝的困难要求，当不出所料被对方拒绝时，转而提出比较容易接受的要求。此种方法称为"以退为进策略"（door-in-the-face technique）。日语中也称为"让步要求法"。

从对方的立场来看，会感觉你已经做出让步了，他也会愿意让步接受你的要求（让步的回报性），也就是换位思考精神。而且，对方会对之前拒绝的行为感到过意不去（负罪感），因此会希望补偿，接受较小的请求。这些心理状态，日本人很容易理解。

◎ 职场 Topics

通过风险沟通建立信赖关系

风险沟通是指由政府、专家、企业、民众之间共享有关社会风险的正确信息，并且互相交流。例如，如果化学物质和核能发电的安全性无法保证，那么我们是无法安心生活的。但是人生不可能没有风险，因此所有的相关人员需要了解风险所在，认真严谨地面对风险，一起思考对策。

特别是灾害相关的风险沟通，我们会认为自己的生活和所在地区不会受到威胁（不现实的乐观主义）。或者政府和企业方面担心真实信息一旦流出后会引起不必要的恐慌，于是管控信息。

但是在日常对话中进行风险沟通，有助于相互之间建立起信赖关系，对可能发生的问题防患于未然。

小心机的投低球策略

作为一种说服别人的技巧，投低球策略 [1]（low-ball technique）非常有名，也称"事后变卦法"。先提出一个有吸引力的条件，得到对方的同意后再撤回条件。根据前面所述的一贯性原理，只要条件的变化在能容忍的范围内，人就不会轻易反悔。而且答应的一方会对自己的承诺产生义务感，觉得不应该拒绝对方。

因为这种做法有点狡猾，所以使用的时候要注意不能让对方发现你是故意降低了条件。最好加上诚恳的道歉，请对方慎重考虑新条件是否合适，这样的话对方因为一贯性原理，很有可能会勉强接受。另外，如果一开始的条件和后来的条件相去甚远的话，对方可能会觉得自己受骗上当，要特别注意。

☉ 职场 Topics

利用午餐会沟通法谈成生意

和刚认识的人一起吃饭可以很容易地建立起亲密关系。也就是说，想要加深彼此的了解，一起吃饭是非常有效的方法。所以把通过饭局提高好感度的方法叫"午餐会沟通法"。

一起共享美食和愉快的时光，心态会变得积极正面，又可以放松心情和对方交谈，会产生避免对立的心理作用。

这样好的方法当然应该用于商场。设宴款待客户就是出于这样的原因考虑。现场的氛围越轻松，体验就会越愉快，对方会对为自己提供愉快体验的人更有好感，很有可能会谈成生意。

---

[1] 投低球策略：接球的时候，先投容易接的球，慢慢再投接球难度大的，这样的话难度大的球也能接住。投低球策略的名称由此而来。

如何更好地提出拜托和请求

想要说服别人，就在于拜托和请求的技巧，这也是能否谈成生意的关键。来介绍三个有代表性的谈话技巧。

		具体事例	
名称	分阶段说服、分阶段请求	先提出简单的要求 →	提出真正的要求
内容	先提出对方很容易就会接受的要求，对方接受以后再提出真正的要求（如果直接提出对方很可能会拒绝的要求）。	这个想要麻烦你…… 好，没问题。	还有这个能帮我做一下吗？ 这个也要做啊？好吧。 好像挺困难的……
名称	让步请求法	先提出比较困难的要求 →	提出真正的要求
内容	先提出一个一定会被对方拒绝的困难要求，当对方确实如自己所料拒绝后，再换成比较容易让人接受的真正要求。	希望你推进一下这个企划案。 哎，这个我做不了啊。	要不你帮我做一下这个吧？ 啊，好吧。 刚才都拒绝他一次了…
名称	事后变卦法	提出有吸引力的条件 →	撤回开始的条件
内容	先提出一个很有吸引力的条件，在对方答应后再撤回条件。	附带的施工费用也包含在报价中了。 哦？真的吗？那这次就拜托你们了。	真是非常抱歉，因为××原因，所以施工费用不能免除了。 那也是没办法的事啊（现在重新找别的也麻烦）。

利用"非语言"沟通让谈话更顺利

态度和动作比语言更能表达各种各样的情绪。在交谈中观察对方的动作、表情和行为，可以看出对方真正的想法，有助于沟通。

非语言沟通的重要性

交流分为使用语言的方式和不使用语言的方式。前者是语言（verbal）沟通，后者是非语言（non-verbal）沟通。特别是表达情绪的时候，非语言沟通比语言沟通更重要，在表达彼此之间的关系或者好感的时候也很有效。相对地，我们也可以从对方的非语言沟通中获得他想要传递的信息和情绪。如果希望自己成为一个擅长沟通的人，一定要学习非语言沟通的技巧，理解它隐藏的信息。

非语言沟通的种类

身体动作	● 表情 ● 动作、手势 ● 眼睛的移动 ● 姿势 等
身体特征	● 容貌（外观、皮肤状态等） ● 身材（体型、发型等） ● 体味 等
接触行为	● 是否有身体接触 ● 如何进行身体接触 等
类语言	● 声音的高低 ● 声音的节奏 ● 语速 ● 哭、笑等近似语言的动作 等
如何使用空间	● 人际距离（与他人的距离感） ● 如何就座（坐在什么位置）等
利用人工物品	● 化妆 ● 服装 ● 饰品 等
环境	● 室内装饰 ● 照明 ● 湿度 等

手脚呈自然状态

接受对方的姿势。特别是男性，如果两腿分开，是对人比较开放的状态。

身体朝向对方

对对方和他的话题感兴趣，如果身体前倾则表示非常感兴趣。

同时和对方做同样的动作

如果对于对方有好感，会模仿他的动作，和对方采取同样的行为有缩短距离的效果（镜像行为）。

挪开桌上的物品

如果对对方的话题感兴趣想进一步了解的时候，会把自己和对方之间的烟灰缸、花瓶之类的东西挪到一边。

不讨厌对方靠近

进入伸手就可以接触到对方的距离（个人距离）而对方并没有表现出不快，说明对方对自己有好感。

有肢体接触

无论男性还是女性，做出触摸对方的肩膀、手腕等部位的动作，说明有好感。

向对方封闭自己内心的态度和动作

做一些无意义的动作
在交谈的时候摆弄杯子、手机或者翻包里的东西。

过度地点头
对方的话还没说完就点头，或者每次点头都要点好几次，这是希望对话早点结束的表现。

频繁换腿跷脚
代表当事人觉得无聊想转换一下心情，有时也表示欲求不满。

抖 腿
其实下半身比上半身更难控制，所以下半身可以看出真正的态度。特别是在焦虑或者紧张的时候，人会不自觉地抖腿。

不必要的动作过多
反复双手环胸，触摸下巴或者头发，这是通过触摸自己的身体等行为（自我亲密行为）试图安慰自己，以缓解紧张和不安。

双手环胸
据说这是一种自我防卫的姿势，也表示拒绝对方。一般来说经常做这个动作的人戒备心理很强，也有以自我为中心的倾向。

交谈的时候藏起双手
把手藏起来是拒绝对方接近的意思。特别是在两个人面对面的时候，是不希望对方参透自己内心想法的表现。

第 **4** 章

职场或工作中的烦恼和焦虑
如何面对压力

压力 1：职场的人际关系和工作是压力的来源

● 心理关键词：压力　社会再适应评定量表

最大的压力来自"职场人际关系"

一提到压力，我们很容易认为是"坏事"。但是有句俗话说"压力是人生的调味料"①，其实适当的压力会给日常生活带来刺激和紧张感，未必全是坏事。

压力之所以会成为问题，是因为如果压力过大时会给日常生活造成影响。据厚生劳动省的劳动者健康状态调查（2007 年），最常见的压力来源中，"职场中的人际关系"占比最高，为 38.4%，其次是"工作内容"34.8%，"工作量"30.6%。

何谓社会再适应评定量表？

压力一词包含重压、压迫、压力、乖僻、（精神上的、感情上的）紧张等含义。美国社会生理学家霍尔姆斯和雷赫提出了社会再适应

---

① 压力是人生的调味料：汉斯·塞利（Hans selye）的名言，他提出了压力理论。这句话还有下文，"缺少调味料的菜肴无味，而过多就会无法食用"。

评定量表，用以评估在生活方式因某事由而发生变化后，我们需要花多大努力去适应（再适应），才能回到事件发生前的状态。从本页及下页的表格中我们可以看出，压力强度较大的因素多与工作和职场有关，例如失业、辞职、退休、业务调整、经济状况变化等。从中可以看出，我们承受了多少来自职场和工作的压力。

何谓社会再适应评定量表

霍尔姆斯和雷赫认为，如果有人在过去一年中经历过社会再适应评定量表的几个项目，并且总分达到 200 ~ 300 分时，约有半数的人可能会在之后一年时间内出现压力症状。

因职场和工作受到的压力

顺序	日常事由	压力大小
1	配偶去世	100
2	离婚	73
3	夫妻分居	65
4	拘留和入狱	63
5	亲属去世	63
6	自己受伤或生病	53
7	结婚	50
8	失业	47
9	夫妻和解	45
10	辞职、退休	45
11	家人健康问题	44
12	怀孕	40
13	性功能障碍（性生活困难）	39
14	家庭增加新成员	39
15	业务调整	39
16	经济状况改变	38
17	朋友去世	37
18	工作变化（调动等）	36
19	与配偶吵架	35

20	负债超过百万	31
21	抵押贷款流程	30
22	职场中的责任（地位）变化	29
23	儿子或女儿离家（结婚）	29
24	与亲属发生矛盾	29
25	自己的较大成功	28
26	妻子的就职、离职	26
27	升学、毕业	26
28	生活环境变化	25
29	个人习惯变化	24
30	与上司发生矛盾	23
31	劳动条件变化	20
32	住所变化（搬家）	20
33	学校变化（转学）	20
34	娱乐活动变化	19
35	宗教活动变化	19
36	社会活动变化	19
37	负债百万以下	17
38	睡眠习惯变化	16
39	同住家人数量变化	15
40	饮食习惯变化	15
41	长期休假	13
42	圣诞节	12

压力 2：压力引起的心理疾病 ①

● 心理关键词：压力源　心身疾病　心理疾病

压力源引起压力

我们经常会说自己压力比较大、想要缓解压力。压力产生的因素（压力源）会让身心陷入压力状态。如果无法有效缓解这种状态，身体和精神都会产生压力反应。压力反应的一种表现就是心理疾病，以及后面要提到的心身疾病①。

压力源主要可分为四种：① 物理性压力源（温度和噪音造成的刺激）；② 化学性压力源（药物和大气污染等）；③ 生理性压力源（运动不足、睡眠不足、过度劳累、疾病等）；④ 精神性压力源。其中，让人感到"压力比较大"的是④精神性压力源。

抗压能力因人而异

精神性压力源包括人际关系的烦恼和精神上的痛苦、愤怒、

---

　　① 心身疾病：压力造成的身体疾病，精神学上定义为生理性疾病，发病与身体因素或社会因素有关的机能性疾患或器质性疾患，都可称为"身心疾病"。病症涵盖各个领域，包括循环器官、呼吸器官、消化器官、神经和肌肉系统、泌尿和生殖系统、皮肤科领域、外科领域、妇科领域、小儿科领域等。

不安、憎恨、紧张等。大致可分为三类：① 人际关系问题（上司、下属、同事之间的冲突或问题）；② 权责上的问题（工作内容与能力不相符、适应性问题、工作量过大等）；③ 需求受阻问题（安全和健康方面需求受阻，占有欲、支配欲、权利需求受阻等）。

但是，对于同样的压力源，不同的人感受程度是不同的，也就是说，抗压能力会因人而异。

压力 3：压力引起的心理疾病 ②

● 心理关键词：社会治疗　抑郁症　焦虑症

在混乱的价值观与人际关系中挣扎

当今这个时代，政治和经济模式不断变化，各种价值观也不断受到冲击，人与人之间的关系当然也会发生变化。职场中的人际关系也不例外。在这样的情况下，很多事由都会对我们造成压力。抗压能力较弱的人身心很容易受到伤害。

为了帮助这些人克服心理疾病，当亲朋好友或者同事发现当事人出现异常情况，一定要伸出援助之手，带病人参加"社会治疗"①。

接下来介绍压力引起的几种心理疾病，大家看看身边是否有人表现出这样的症状。

抑郁症

情绪低落，表现出忧郁、干劲不足等抑郁状态。精神症状主

---

① 社会治疗：指心理社会治疗。在药物疗法之外的治疗方式中，为患者能够适应社会生活提供帮助的治疗方法。治疗对象不限于患者本人，也包括其家属。

要表现为情绪不高，对平日的喜好失去兴趣、懒怠行动和思考、集中力和注意力降低、失去自信、充满自责和妄自菲薄的念头、对未来感到悲观、自残行为甚至企图自杀等。

生理上则表现出睡眠不佳、没有食欲、身体疲惫、头疼、心悸以及眩晕等症状，由于这些症状都是表现在外的，因此多数人根本没有意识到自己患上抑郁症，而没有积极治疗。

抑郁症是很痛苦的疾病，甚至会给日常生活带来严重的影响。但是，只要进行适当的治疗，基本都会在几个月到几年之内得到改善。

焦虑症

焦虑症①过去被称为"神经官能症"，更早被称为"神经衰弱"。在心理疾病中发生频率较高，是健康人体验到的身心感受变得过于强烈的状态。例如，社交恐惧、紧张、恐慌、交通工具恐惧、强迫症、社交焦虑等。

您应该能在自己或朋友身上见过一两种吧。

这些症状会让人产生莫名的强烈焦虑感，心跳加速、呼吸困难，严重时可能会有死亡的危险。

---

① 焦虑症：有社交恐惧（恐惧症）、恐慌、强迫症（确认强迫、整理强迫等）、轻抑郁症、分离性障碍（歇斯底里症）、疑病障碍、人格分裂障碍、情感疾病（躁郁症）等。

压力引起的各种不定愁诉综合征、自律神经失调症

自律神经是指不受意识支配自行活动的神经，由交感神经和副交感神经这两个相对的神经相互协调，自行调节身体的生理机能。当自律神经的协调和平衡被打破时就会出现自律神经失调症。

其原因多为身心压力，因而自律神经无法正常工作，出现头疼、眩晕、手脚冰凉、心悸、呼吸困难、恶心、腹泻等多种症状。由于症状众多，因此也被称为"不定愁诉综合征"。到医院检查也发现不了异常，患者的烦恼无法得到解决，最后不得不长期奔波于各家医院，找遍无数医生。如果出现这样的情况，一般的治疗方法是先明确压力原因，然后学习如何面对压力。

冷漠^①症候群

有一天突然对所有事物都失去兴趣，逃避学业和工作。在商业界很常见，也称为"职场人冷漠"。

无气力症候群的特征是遇到压力时会选择逃避现实，但是对于本职工作以外的活动却表现积极。因此本人和亲朋好友都很难发现异常症状。

从性格方面来看，比较看重胜负的人容易出现此症状，因此他们会尽可能避免出现需要决出胜负的局面。也有人走上管理岗位却没有自信，最后选择逃避而患上冷漠症候群。症状严重时可能会拒绝上班。

---

① 冷漠（apathy）：指失去动力和感情的态度。干劲、感情、热情都陷入低潮的状态称为"冷漠症候群"。通过残酷的升学考试考入大学的学生也会有这样的症状，称为"学习动机消退"（student apathy）。

拒绝回家症候群

指不想回家的上班族。已经成家立业的男性在回家后会感到不适甚至痛苦，于是下班后他们会留在公司加班，或者借酒浇愁，胶囊旅馆和网吧成了他们的天堂。

原因多是夫妻之间的相处模式、恋人之间的相处模式以及家庭成员之间的相处模式存在问题。如果没有勇气和妻子坦诚交流，就需要接受心理咨询了。

身心俱疲症候群

也被称为"心身耗竭综合征"。原本对工作很有热情的人，突然觉得人生没有意义，变得郁郁寡欢。失去干劲，无法适应职场生活。多见于努力工作的中层管理人员。

因为生活都围绕着工作，没有时间和机会休息，只能一直激励自己奋勇向前，直至耗尽最后一丝热情。甚至会因为压力过大而病倒。

三明治症候群

该症状常见于夹在上司和下属之间的中层管理人员，因此而得名。也被叫作"管理层症候群""管理者综合征"等。是指对自己无法跟上上司和下属的价值观而对自己产生厌恶、引发抑郁症的状态。上司要求拿出业绩，下属满腹牢骚，自己夹在中间左右为难，身心出现问题也就不足为奇了。

特别是人到中年体力开始衰退，而家庭中孩子面临青春期和升学考试、父母需要看护，方方面面的压力让人感觉不堪重负。

这些中层管理人员需要尽可能营造可以坦诚沟通的职场环境、处理好与上司和下属的关系，在休息日不要再考虑工作，与家人共度休闲时光，寻找兴趣爱好放松身心。

⊙ 职场 Topics

年轻女职员常有进食障碍

进食障碍是一种交替出现厌食症（神经性厌食症）和暴食症（神经性暴食症）的疾病。多见于女性。近来不仅是青春期女性，还蔓延到青年、中年女性身上。

出现这种症状的原因可能有家庭环境、体质原因等，而主要的心理原因是对减肥和瘦身的执着追求，对性成熟的纠结和拒绝。此外，对于刚步入社会的职场女性来说，必须面对完全没有遇到过的人和价值观，以往的知识根本派不上用场，导致食欲失控。

压力 4：治疗人心的心理疗法

● 心理关键词：面谈治疗法　表现活动法　行为疗法
　　　　　　　日式技法

关键在于患者要发现自己的问题

前面说过，压力的原因包括：① 物理性原因；② 化学性原因；
③ 生理性原因；④ 精神性原因。其中精神性压力是最令人头疼的。

为了尽可能缓解精神性的压力，当事人除了要改变观念，也
需要周围人的帮助。也就是说，需要职场、家庭、地区间的沟通
和社会支持。这里向您介绍一下由心理师①这类专家进行的心理治
疗法。

心理疗法可大致分为四种：面谈治疗法、表现活动法、行为
疗法和日式技法。① 面谈治疗法是治疗者与患者一对一进行，主
要有合理情绪疗法和案主（来商谈者）中心治疗法等。② 表现活
动法是通过患者自身的表现活动进行治疗，包括箱庭疗法、音乐疗
法、游戏疗法等。③ 行为疗法是通过改变患者的行为来进行治疗，
包括自律训练法、系统脱敏法、催眠疗法等。④ 日式技法是采用
各种理论和技法进行治疗，包括内观疗法、森田疗法等。

---

① 心理师：心理师、心理治疗师、心理咨询师并不是证书的名称，而是指"进
行心理治疗法的人"。在日本，临床心理师是一种具有半官方性质的职业。

心理疾病的症状和病因因人而异，因此必须通过咨询分析原因，寻找适合当事人的治疗方法。但是，更重要的是需要患者知道自己到底哪里出了问题。

治愈人心的主要心理治疗法

在进行治疗的时候，要根据患者的症状配合药物，选择合适的心理治疗法。怎样选择合适的方法呢？要先从心理咨询分析患者的心理状态。

面谈法 与患者一对一进行	合理情绪疗法	由美国心理学家阿尔伯特·艾利斯提出。当患者执着于"必须如何"（应该如何）时，要让他们认识到那些观念都是成见，借此修正其思维。
	案主中心治疗法	由美国心理学家卡尔·罗哲斯提出的咨询方法。靠近患者聆听他的内心，帮助患者面对现实的方法。
表现活动法 通过患者的表现活动进行治疗	箱庭疗法	信奉荣格理论的心理学家河合隼雄引入日本的一种艺术疗法。患者在沙盘中放入人偶和建筑物等模型，实现内心的调和。
	音乐疗法	根据患者当下的心情选择音乐，然后再让患者聆听不同的曲目，以此进行治疗。
行为疗法 通过改变患者的行为进行治疗	自律训练法	放松身心的一种训练方法。由德国精神科医生舒尔茨始创的自我催眠法。
	系统脱敏法	由南非共和国的精神科医生约瑟夫·沃尔普提出。是一种让患者逐渐习惯令其感到不安的事物，以此消除不安的方法。
	催眠疗法	是一种有效克服心结的方法。包括面对面催眠疗法、远距离催眠疗法、退化疗法等。

日式技法 采用日本独特的方法进行治疗	内观疗法	由净土真宗的僧侣吉本伊信开创。让当事人回想自己受到的照顾、给别人提供的照顾、自己给别人添的麻烦，加深对当事人自己和他人的理解。
	森田疗法	由精神医学家森田正马开创。让人们养成"原始自然"的态度，从必要的事情开始做起，有建设性地生活并付诸实践。

压力 5：职场霸凌在不断增加

● 心理关键词：霸凌　骚扰　紧张理论　控制理论

"霸凌"问题居劳动咨询之首

发生在校园中的霸凌问题经常被媒体大幅报道，而职场中成人的霸凌也层出不穷。职场中的霸凌骚扰①（harassment）大致可分为三种，一是较为严重的精神性的骚扰（Moral harassment）、对地位较低的职员的权力骚扰（Power harassment）、性方面骚扰（Sexual harassment）等。

日本全国劳动局②收到的"霸凌、骚扰"咨询案件中，2002年度有 6627 件，而 2012 年度则增加到了 51670 件。10 年间增长了约 8 倍，超过之前一直占据第 1 位的"解雇问题"跃居首位。根据推测，可能还有更多受害者无法向任何人咨询、为了生计而选择忍耐，或者不得已而辞职。

---

① 骚扰（harassment）：英语中表示"使人痛苦、烦扰"。另外还有医护骚扰（Doctor harassment）、性别歧视（Gender harassment）、学术骚扰（Academic harassment）等说法。

② 劳动局：日本厚生劳动省的地方分部，所有都道府县均有设置。由于工会组织率（加入工会的劳动者人数在总劳动者人数中所占比例）较低而设置。从 2001 年开始也会协调解决劳资双方冲突。

霸凌的原理

心理学认为霸凌的加害者有着较大的压力，用紧张理论和控制理论解释。紧张理论的解释是，加害者为解决挫折（Frustration）和紧张（Stress）、冲突（Conflict）而采取霸凌的攻击行为。控制理论则分析，由于法律和社会规范的控制力较弱，或者个人的自制力较弱，加害者就会无法控制情绪能量，对他人采取攻击行为。

大多数加害者的目的都是为了缓解工作以外产生的压力，但他们自以为是在指导工作无能的下属，将自己的霸凌正当化，因而很难发现霸凌问题，更遑论解决了。

企业有义务管理好职场，为员工营造舒适的工作环境。这不仅是出于道德、伦理方面的考虑，从经济层面考虑，霸凌会影响员工的心理健康，让人失去干劲，导致公司业绩变差，因此必须采取措施解决职场霸凌问题。

霸凌的原理

可以采用紧张理论和控制理论解释霸凌，这里来介绍一下紧张理论。

1 需求　每个人都有获得认可、理解的自我肯定需求。

2 需求受阻　因某些理由，自我肯定需求可能无法获得满足。

3

挫折

需求受阻，就会积累不安、紧张、不满等情绪。

4

攻击动机

职场等群体允许霸凌等攻击行为作为缓解欲求不满的手段。

5

稳定安心需求

为缓解挫折，人会追求稳定和安心。

6

攻击行为

为满足稳定安心的需求，采取关系攻击，包括语言攻击和身体攻击、排挤等。

压力 6：处理投诉产生的压力

● 心理关键词：投诉　魔鬼投诉者

越来越多的魔鬼投诉者

俗话说，"投诉是经商之宝"。分析客户提出的投诉，可以提高产品和服务的质量，甚至获得新产品的开发灵感。而且诚恳地应对客户投诉，还可以让他们对公司更信赖，有益于改善业务。但是，并不是所有的投诉都有益。在社会压力越来越大的背景下，出现了越来越多的动辄无理取闹的魔鬼投诉者。

魔鬼投诉者的心理与霸凌加害者的心理基本相同。将投诉作为缓解压力的手段，认为自己是有缺陷商品和服务的受害者，利用客户这一身份的优势，对处于弱势地位无法反驳的负责人斥责谩骂。

寻找适合自己的解压方法

投诉者释放压力后可能会觉得轻松，但是压力会转嫁到处理投诉的人身上。投诉处理工作是一项压力非常大的业务，明明不是自己的过错，却必须代表公司道歉，而且有的投诉者纯粹为了发泄，要一直忍耐他们的粗暴言语、处理他们的无理要求，可以说压力到达了极限。

因此，处理投诉的呼叫中心设置了恢复室以缓解员工的压力，也有公司采取让员工看精神科医生的措施。但这些做法并没有降低业界整体的离职率。

建议希望长期从事此项工作的人寻找适合自己的解压方法。首先告诉自己，自己是为投诉者缓解压力的生活顾问，为社会做出了贡献——这样想的话是不是感觉好多了？此外，多发展兴趣爱好充实个人生活也可以减轻工作上的压力。

投诉者的种类

律师横山雅文将投诉者分为以下 4 类：

性格问题投诉者

- 具有自我的价值观、思想，反复进行执拗的投诉，提出不合理要求。

这个损失怎么算啊！

精神投诉者

- 为抹平心理缺陷而执着于投诉。

你怎么看我？

习以为常的恶劣投诉者

- 要求少量金钱和利益。

有损伤啊，给我返钱！

反社会的恶劣投诉者

- 以获得巨额金钱、利益为目的。

知道我是谁吗？

出处：《专业法律专家的投诉者应对技巧》横山雅文（PHP 研究所）

压力 7：对在职失业、裁员感到不安

● 心理关键词：在职失业　裁员高危人群　离职集中营

大企业的正式员工也并不见得安稳

现在企业活动已经跨越国界，日本与发展中国家的竞争愈发激烈，很多企业在加速拓展海外业务。随之而来的是雇佣的空洞化加剧，大企业的正式员工中也有被称为"在职失业"的裁员高危人群。

虽然有着丰富的经验和知识，但是没有工作可做。过去这样的员工被称为"窗边族"。"窗边族"的产生是因为论资排辈引起的职位不足，他们如同隐居起来一样安安稳稳地保住职位，直到退休。与此相反，在职失业者是事实上的指名解雇对象，也就是无法轻易解雇正式员工的大企业逼迫多余人员自行离职。公司向他们发出调令将他们安排到"离职集中营①"，不给予工作机会，或者命令其自行择业，逼迫其离职。

---

① 离职集中营：企业为裁员而设置的房间。把想要解雇的员工调到那里，不安排工作，让他们自己出去求职，逼迫当事人自己提出辞职。

害怕下一个就轮到自己

有人可能会觉得在职失业者不必工作就可以拿到工资，太幸运了。实际上，为了削减多余人员，只要在职失业者不提出离职，公司会一直打击他们，伤害他们的自尊心。这种冷遇不仅会严重伤害在职失业者本人的身心，也会让其他员工担惊受怕，生怕下一个就轮到自己。如此一来，导致员工对公司失去信赖和忠诚，干劲降低，结果就是公司的整体业绩恶化。

在职失业者增加的原因并不在于个人的资质和能力不足，而是由于经济全球化引起的国内产业空洞化导致的。因此，根本性的解决方法是通过创造新产业和工作分摊①增加就业机会。当自己成为在职失业者时，不要独自承担，可以与值得信赖的人商量，发挥自己的能力和专长，寻找新工作或者工作方式。正如成语"因祸得福"所说，有很多人果断放弃不重视员工的公司，开辟出一条新的道路。

----

① 工作分摊：分享工作的意思。是通过缩短劳动时间、提前退休等措施缩短每个人的平均劳动时间，在社会范围内增加雇佣机会的政策。荷兰等国正在推行相关政策。

裁员方式的变化

日本的雇佣制度开始动摇是始于 20 世纪 90 年代泡沫经济崩溃之后。之后长期处于经济低迷，裁员波及了大企业到中小企业。

20 世纪 90 年代	裁员	因泡沫经济崩溃而大规模裁员。主要手段为自愿离职和提前退休。
21 世纪初	减少雇佣	多数企业减少雇佣员工，导致社会长期处于就职冰河期。啃老族的年轻人增加成为社会问题。
2008 年	取消内定	雷曼兄弟事件导致世界同时处于经济低迷状态，毕业生的内定取消成为社会问题。
2013 年	在职失业	无法负担员工成本的大企业为削减多余人员，明确将裁员对象作为在职失业者集中在离职集中营，逼迫他们主动离职。

压力 8：受到歧视、冷遇，非正式员工承担着巨大的压力

● 心理关键词：派遣　非正式雇佣

员工中大约有四成是非正式雇佣

"骄兵（正式员工）必败。现在的公司离开派遣（派遣员工）根本无法生存。"——这是 2007 年取得很高收视率的电视剧《派遣员的品格》的开场白。当年非正式雇佣员工的比例约占员工总数的 34%，而 5 年后的 2012 年再创纪录，达到约 38%。目前约占员工者的四成，也就是每 2.5 人中就有 1 人是非正式雇佣员工。

国际劳工组织（ILO）呼吁同工同酬，通过了《兼职劳动者公约》（第 175 号）。但该公约在日本并未获得批准。因此日本的企业中形成了公司内种姓制度，由正式员工、合同工、派遣员工、兼职、小时工等各种雇佣形态的劳动者构成。

非正式雇佣对于资方来说有着很大的优势，而劳方却必须承担各种不利因素，例如薪酬低、没有奖金、只签订短期合同而导致未来的发展不稳定、难以提升工作技能、无法获得住宅和汽车贷款等。因此，越来越多非正式雇佣的年轻人不敢结婚，已经成为无法忽视的社会问题。

非正式员工的压力更大

可以说非正式雇佣者相比正式员工更容易感到压力。在日常工作中承受着与正式员工相同的压力，同时公司仍保留着终身雇佣制的风气，将正式员工以外的员工视为外人，导致他们受到歧视、冷遇。正式员工很难与其他非正式雇佣者建立良好的合作关系。

而且这种雇佣关系很不稳定，对于非正式雇佣者来说，一点不好的评价就会让自己失去工作，因此即使遇到权力骚扰他们也会选择忍耐，很难对不公正的待遇做出反抗。其实对于企业来说，他们虽然是非正式员工，但也是重要的战斗力量，如果不能让他们充分发挥能力的话，公司的业绩也无法得到提升。因此无论雇佣形态如何，公司都应该营造良好的职场环境，让所有人都能在此愉快地工作。

非正式员工的主要种类

在泡沫经济崩溃后非正式员工不断增加。现在已经达到没有非正式雇佣员工，社会就无法运作的程度。

兼 职	小时工
劳动时间短于正式员工的员工。法律规定年收入达到一定金额以上或1周内的劳动时间达到正式员工的四分之三以上，就需要为其缴纳健康保险和厚生年金保险（兼职劳动法）。	一般指学生的短时间劳动。此外，有正式工作在空闲时间从事副业的劳动者也称为小时工。学生以外的小时工也称为自由职业者。

派遣员工	外聘员工、临时工
员工与人才派遣公司签订雇佣合同。工资由派遣公司支付。派遣公司将其派往合作公司工作，如果合作公司与派遣公司的合同到期，则无法继续留在合作公司工作。	在大学和专科学校、高中等担任专门科目的讲师。政府机关等机构中也有很多外聘员工、临时工。地方公务员法规定临时工的合同最长为6个月（可以续约1次）。

合同工	特约
拥有高度技术和专业知识的劳动者，每年签订合同工作。一般为月薪制，多与正式员工一样全勤工作。	签订与正式员工不同的合同。一般指以较低的工资再次雇佣退休的员工。但上面塞人的情况不在此限。

明明做着相同
的工作

正式员工　　　　非正式雇佣

"职场心理健康"

企业需要关心员工，避免其压力过大而损害身心健康。但是目前相关体制并不完善，或者虽然体制完善，但是并没有发挥应有的作用。

社会支持的必要性

社会支持是人与人在社会关系中的相互支援，旨在维持健康，以及缓解压力（压力因素）带来的影响。流行病学家柯布认为，下面三个讯息是取信于当事人的重要社会支持。"身边的人都在支持自己"的认知可以缓解压力的冲击，帮助当事人适应压力。

是团队的一员，和大家共同分担义务。

受到别人的关心、爱护。

在别人眼中是值得尊敬、有价值的存在。

社会支持的种类（柯布和豪斯的定义）

● 情绪支持

提供理解和关爱

你怎么了？可以和我说说。

他很关心我呢。

● 工具支持

提供有形物或服务

我来替你分担吧。大家分工合作。

其实我感觉得很痛苦……

● 信息支持

提供解决问题所需的必要信息

要不要找心理咨询师谈一谈？

我试试吧。

● 评价支持

提供肯定的评价

你做得真认真啊！

他很理解我。

有哪些压力因素？

- 长时间工作，心理负担过重的工作
- 与上司、同事、下属等人的关系恶化
- 升迁后责任加重
- 因人事调动、单身赴任、下属变化等导致的工作环境的变化、家庭环境的变化

1 不要忽视员工的不健康状态信号

- 表情阴沉，无精打采

- 旷工、迟到、早退的情况增加

- 效率降低、错误增加·

- 积极性、判断力下降

- 人际关系恶化

- 身体状况变差

2 发现 ① 中的信号后

- 与负责管理监督者合作，劝当事人尽早到专家处就诊。
- 必要时考虑与其家人合作。
- 有家属前来咨询沟通时，同样要给予支持。
- 需要疗养、休养时，尽可能给予支持。

图书在版编目（CIP）数据

如何读懂他人心理／（日）齐藤勇著，舟慕云译. -- 南京：
江苏凤凰文艺出版社，2021.7
ISBN 978-7-5594-5459-1

Ⅰ.①如… Ⅱ.①齐… ②舟… Ⅲ.①职业 - 应用心
理学 Ⅳ.①C913.2

中国版本图书馆CIP数据核字(2020)第241615号

著作权合同登记号：10-2021-168

Original Japanese title: OMOSHIROI HODO YOKU WAKARU! SHOKUBA
NO SHINRIGAKU Copyright © 2013 peak-one
Original Japanese edition published by Seito-sha Co., Ltd.
Simplified Chinese translation rights arranged with Seito-sha Co., Ltd.
through The English Agency (Japan) Ltd. and Shanghai To-Asia Culture
Co., Ltd.

如何读懂他人心理

[日] 齐藤勇 著　　舟慕云　译

责任编辑　李龙姣
出版发行　江苏凤凰文艺出版社
　　　　　南京市中央路 165 号，邮编：210009
网　　址　http://www.jswenyi.com
印　　刷　唐山富达印务有限公司
开　　本　880 毫米 ×1230 毫米　1/32
印　　张　7.5
字　　数　150 千字
版　　次　2021 年 7 月第 1 版
印　　次　2021 年 7 月第 1 次印刷
书　　号　ISBN 978-7-5594-5459-1
定　　价　49.80 元

江苏凤凰文艺版图书凡印刷、装订错误，可向出版社调换，联系电话025-83280257